ÍNDICE

1. ESCUADRA Y CARTABÓN

La escuadra y el cartabón: son instrumentos de dibujo. Son dos triángulos rectángulos.

En una pareja de escuadra y cartabón: La hipotenusa de la escuadra debe ser igual al cateto mayor del cartabón.

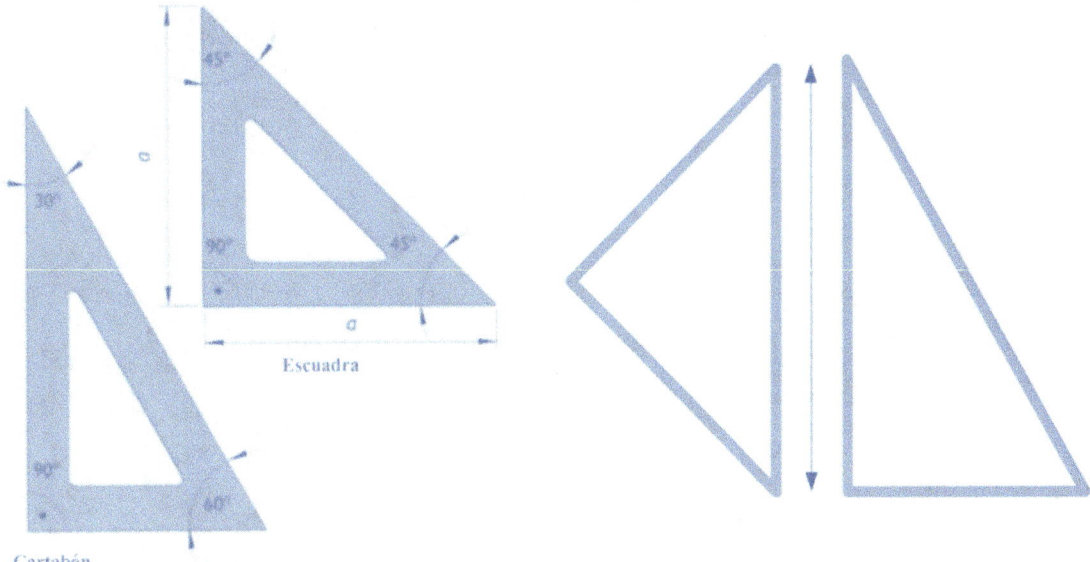

2. RECTAS PARALELAS:

Las rectas paralelas son dos o más líneas rectas que se encuentran en el mismo plano y nunca se cruzan entre sí, manteniendo siempre la misma distancia una de la otra en toda su extensión. En otras palabras, dos rectas son paralelas si y solo si sus direcciones son idénticas, lo que significa que tienen la misma pendiente y no importa cuánto se extiendan, nunca se intersectarán. Esta propiedad de las rectas paralelas es fundamental en la geometría y tiene aplicaciones en diversas ramas de las matemáticas y la física.

Ejercicio 1. Traza paralelas a una recta AB.

En primer lugar, se debe colocar la escuadra y el cartabón de acuerdo a lo indicado en el dibujo, asegurándose de que la hipotenusa del cartabón coincida con la recta AB.

A continuación, se debe sostener la escuadra con la mano izquierda y desplazar el cartabón hacia abajo con la mano derecha, trazando líneas a las distancias requeridas y asegurándose de que sean paralelas a la recta AB.

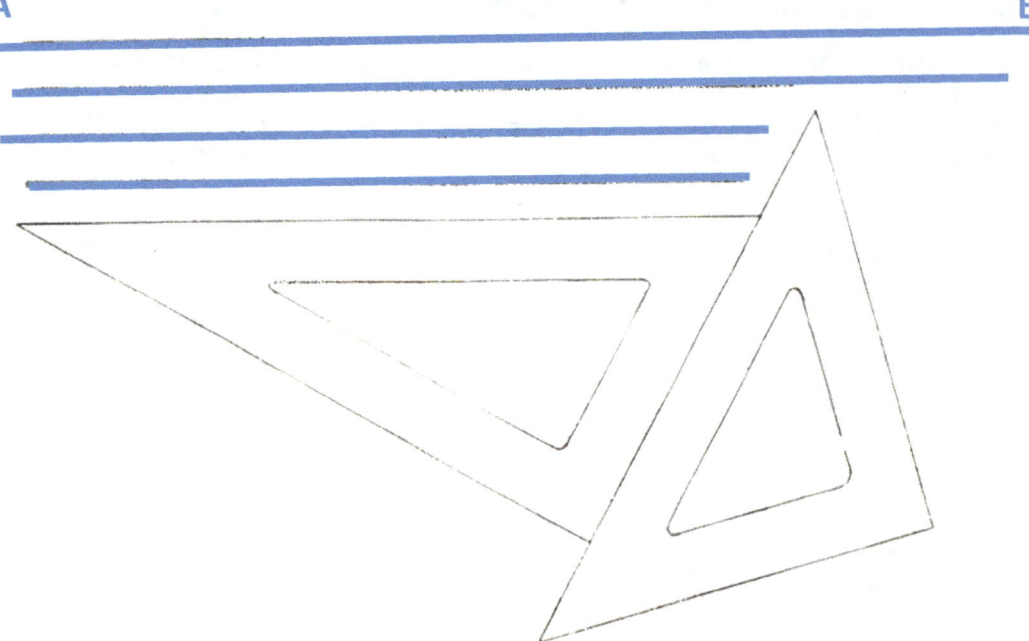

A   B

3.   LAS RECTAS PERPENDICULARES

Las rectas perpendiculares son dos líneas rectas que se intersecan formando un ángulo recto, es decir, un ángulo de 90 grados. En otras palabras, dos rectas son perpendiculares cuando se cortan en un punto y, en ese punto de intersección, forman un ángulo de 90 grados. Esta relación es fundamental en la geometría y se utiliza comúnmente para construir ángulos rectos y determinar relaciones de perpendicularidad en formas geométricas. Las rectas perpendiculares son esenciales en diversas aplicaciones matemáticas y físicas, como en la resolución de problemas de trigonometría, en la construcción de edificios y en la creación de diseños técnicos.

Ejercicio 2. Traza perpendiculares a una recta AB.

Por favor, coloque la escuadra y el cartabón de la misma manera que en el caso anterior (primera posición de la figura).

Luego, gire el cartabón hacia la derecha y colóquelo en la segunda posición indicada.

Finalmente, deslice hacia abajo el cartabón y traces líneas perpendiculares a la recta dada AB, ya que el giro del cartabón ha sido de 90 grados.

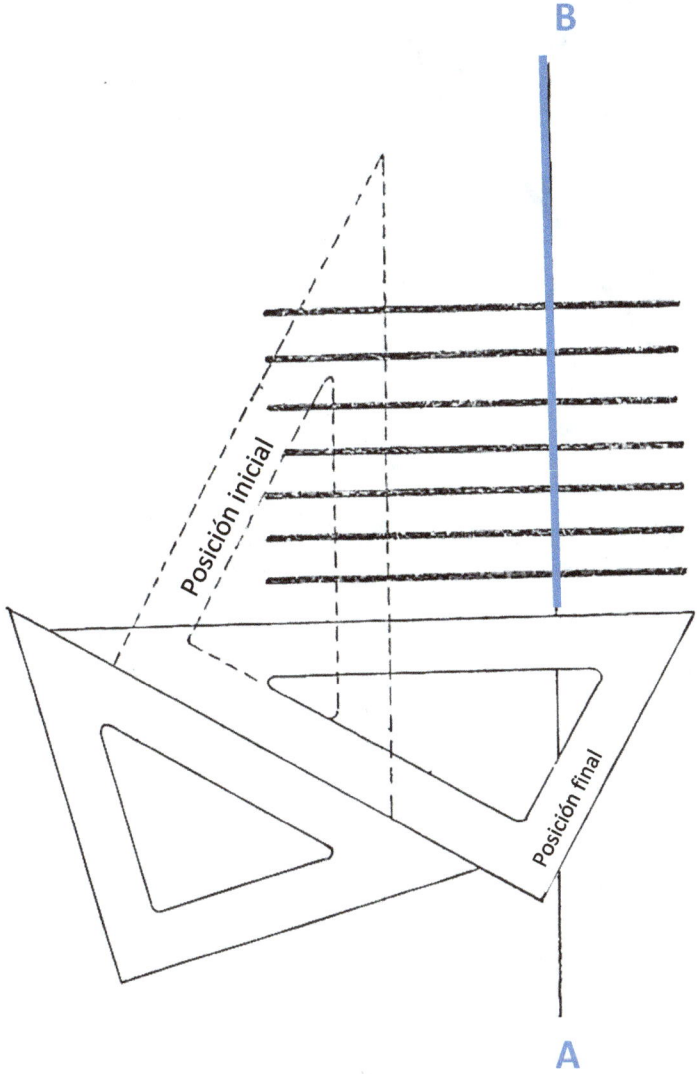

Ejercicio 3. Perpendicular al segmento AB en su punto medio

El tercer problema consiste en Traza la perpendicular al segmento AB en su punto medio. Para ello, se debe Toma el punto A como centro y Traza dos arcos con una magnitud mayor que la mitad del segmento AB, uno en la parte superior y otro en la parte inferior. Posteriormente, se trazan otros dos arcos desde el punto B con la misma abertura, los cuales cortarán en los puntos C y D a los arcos anteriormente trazados.

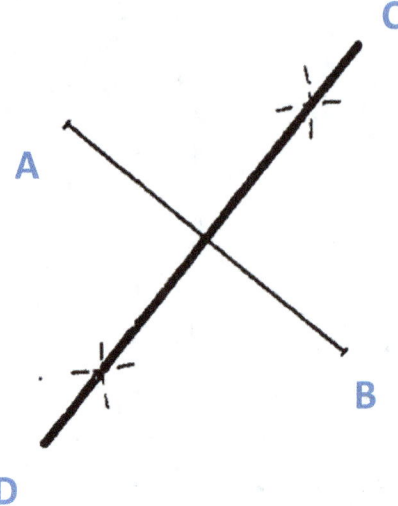

Ejercicio 4. Traza la perpendicular a un segmento rectilíneo AB en uno de sus extremos.

Para Resuelvelo, se debe Prolonga el segmento AB hacia la derecha y Toma dos puntos E y F a igual distancia de B, es decir, BE = BF. Luego, con centro en E y F, se deben Traza dos arcos con igual radio, los cuales se cortarán en un punto que determinará la perpendicular CB al segmento AB.

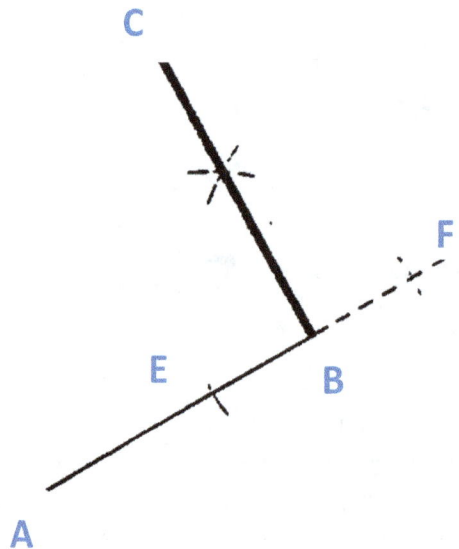

Ejercicio 5. Resuelve el problema anterior por otro procedimiento.

1.2 Teniendo como centro la letra B y un radio indeterminado, se debe describir el arco EF.

2. Partiendo desde la letra E y utilizando el mismo radio, se traza un arco que nos permitirá encontrar el punto H. Una vez obtenido H, se debe Lleva la misma magnitud del radio sobre el arco para obtener el punto F.

3. Tomando los puntos H y F como centros, se deben Traza dos arcos que se corten y nos permitan determinar el punto por donde pasará la línea BC, siendo esta perpendicular a AB.

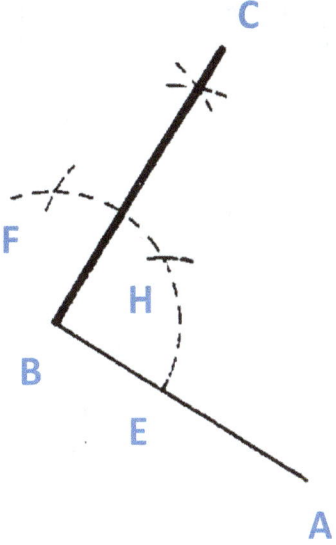

Ejercicio 6. Resuelve el problema anterior por otro procedimiento.

1. Se debe Traza un arco desde un punto O cualquiera que pase por B y corte la recta dada en el punto E.

2. El siguiente paso es Une E con O y Prolonga EO hasta que se corte con el arco trazado anteriormente en el punto C.

3. Es importante destacar que el punto C es precisamente el punto por donde debe pasar la perpendicular a AB por su extremo B.

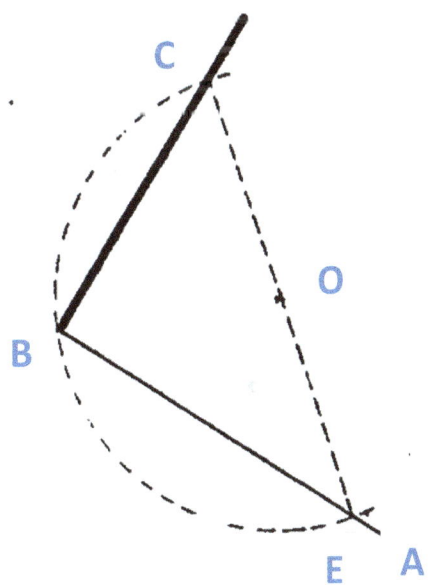

Ejercicio 7. Traza la perpendicular a la recta AB desde un punto P, exterior a ella.

Con centro en P, dibuje un arco que intersecte la línea dada en los puntos E y F. Luego, con sede en E y F, dibuje dos arcos de radio mayor que la mitad de EF, los cuales se intersectarán en el punto Q. Finalmente, una la línea PQ desde P a Q para obtener una línea recta perpendicular a AB en el punto P.

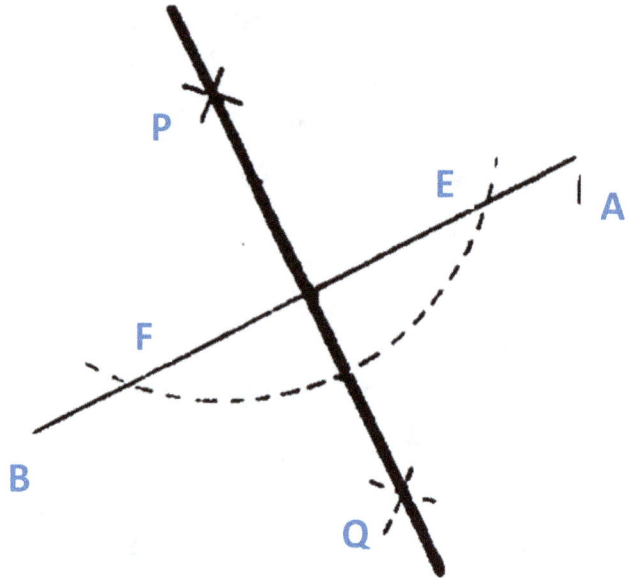

Ejercicio 8. Traza la perpendicular a la recta AB desde un punto P, situado en dicha recta.

1. Se seleccionan dos puntos, E y F, que se encuentran a la misma distancia de P.

2. Se dibuja la línea perpendicular al segmento EF en su punto medio.

3. La perpendicular QQ', que se ha obtenido, corresponde a AB en el punto P.

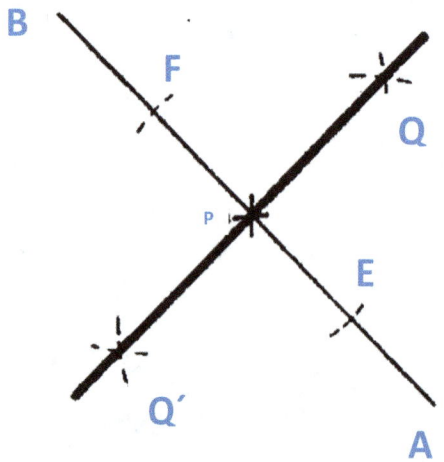

4. CONSTRUCCIONES DE ANGULOS

El ángulo entre dos rectas es la medida del ángulo formado por la intersección de las dos líneas en un punto común. Este ángulo se mide en grados sexagesimales y puede ser agudo, obtuso o recto, dependiendo de la magnitud de la apertura entre las dos rectas. Aquí hay una descripción más detallada de los posibles casos:

- Ángulo Agudo: Si el ángulo formado por la intersección de las dos rectas es menor a 90 grados, se denomina "ángulo agudo". Esto significa que las rectas se acercan entre sí gradualmente en su punto de intersección.
- Ángulo Recto: Cuando el ángulo entre las dos rectas es precisamente de 90 grados, se conoce como "ángulo recto". Esto implica que las dos rectas son perpendiculares entre sí.
- Ángulo Obtuso: Si el ángulo entre las dos rectas es mayor a 90 grados, pero menor a 180 grados, se llama "ángulo obtuso". En este caso, las dos rectas se alejan una de la otra en su punto de intersección.

La medición precisa del ángulo entre dos rectas puede calcularse utilizando principios de trigonometría o geometría, dependiendo de la representación y la información disponible sobre las rectas en cuestión. Este concepto es importante en matemáticas y física, así como en la resolución de problemas relacionados con la geometría y la mecánica, entre otros campos.

Ejercicio 9. Traza la paralela a la recta AB desde un punto P exterior a ella.

En primer lugar, se debe Toma el centro en P y Traza el arco MQ.

A continuación, desde M y con radio MP, se debe describir el arco PN.

Después, se debe Toma la distancia NP y Transportala al arco trazado previamente, a partir de M, de manera que se obtenga el punto Q.

Finalmente, se debe Une Q y P para obtener la paralela solicitada.

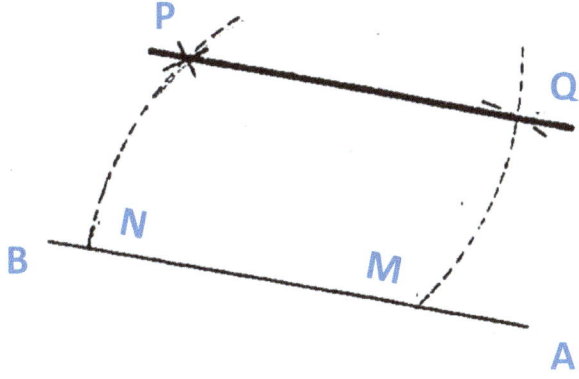

Ejercicio 10. Resuelve el mismo problema por otro procedimiento.

1. Al situarnos en un punto cualquiera O de la recta, debemos Traza una semicircunferencia que pase por P.

2. Para encontrar la paralela deseada a la recta AB, debemos Transporta la magnitud MP desde el punto N hasta obtener el punto Q, el cual al únase con P nos permitirá determinar dicha paralela.

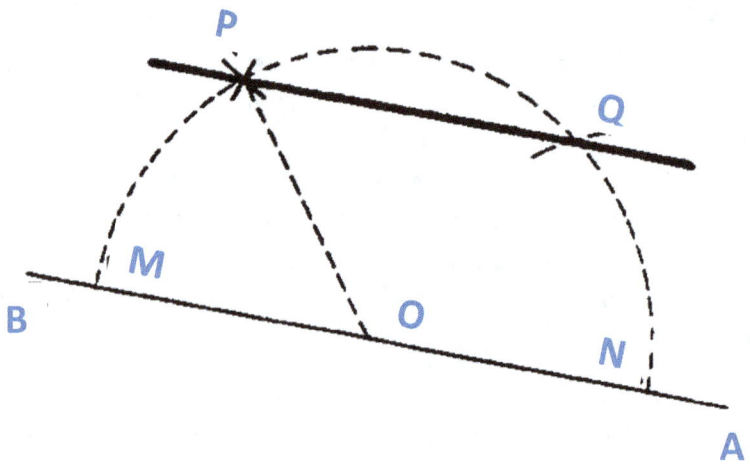

Ejercicio 11. Traza una paralela a la recta AB, a una distancia dada d.

Para ello, en primer lugar, se debe Traza una perpendicular desde un punto m de la recta AB. Luego, sobre esta perpendicular se debe Toma la distancia d, a partir del punto m. Esta distancia se denominará mn. Posteriormente, se debe Prolonga mn y a partir de n se deben Toma dos puntos v y v', situados a igual distancia del mismo. Finalmente, se debe Traza una perpendicular en el punto medio del segmento vv'. La recta RS, trazada anteriormente, será la paralela a AB, situada a una distancia d.

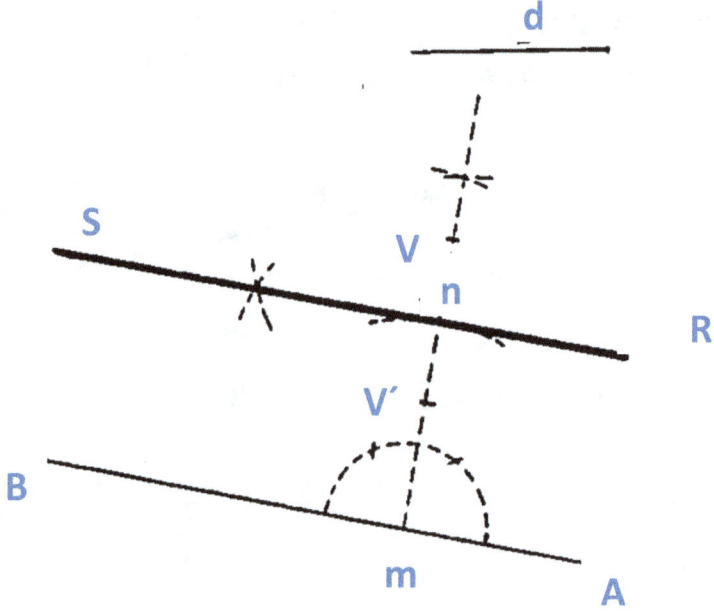

Ejercicio 12. Construye un ángulo a otro dado AOB.

1. Dibuja una semirrecta O'B'.

2. Desde O', dibuja un arco con el mismo radio que el ángulo dado, es decir, con radio On.

3. Toma la medida del ángulo dado y trasladarla desde n', obteniendo el punto rn', que al unirse con O', nos dará el lado O'A' del ángulo A'O'B' igual al AOB.

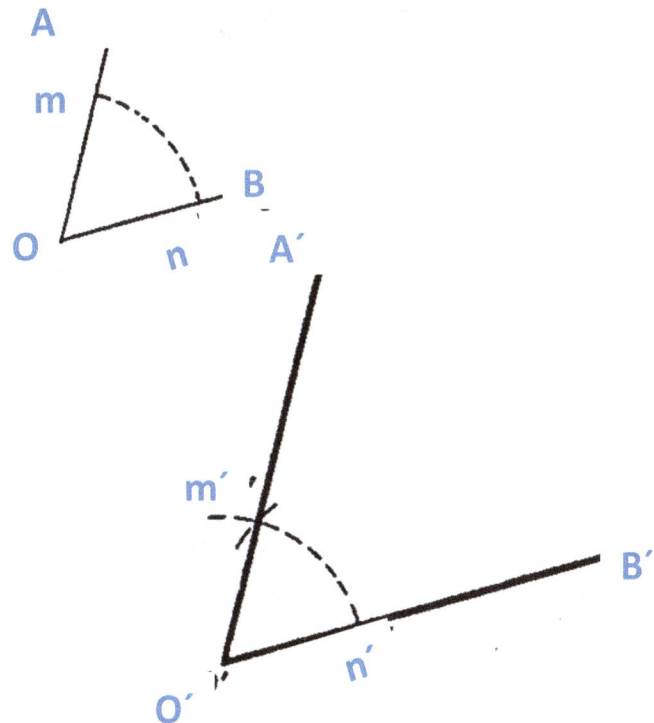

Ejercicio 13. Construye un ángulo igual a otro dado AOB por medio del transportador.

1. Dibuja una semirrecta O'B'.

2. Posicionar el transportador de ángulos de tal forma que su centro coincida con O' y su diámetro con O'B'.

3. Usando la división de 25, marcar un punto A'.

4. Une A' con O' y obtendremos el ángulo A'O'B' igual al ángulo AOB dado.

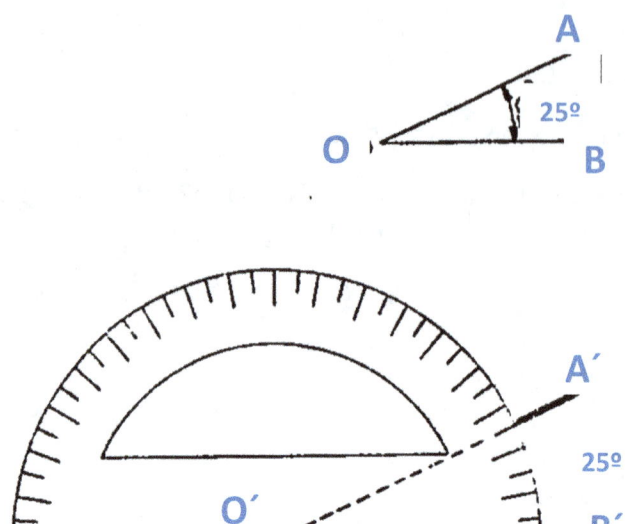

Ejercicio 14. Construye un ángulo de 60° por medio del compás.

1. Realizar la traza de un segmento CB y, desde su punto medio O, efectuar la descripción de una circunferencia.

2. Con el mismo radio previamente utilizado, dibuja un arco OA tomando como centro B.

3. Une los puntos O y A para obtener el ángulo AOB, cuya medida es de 60º.

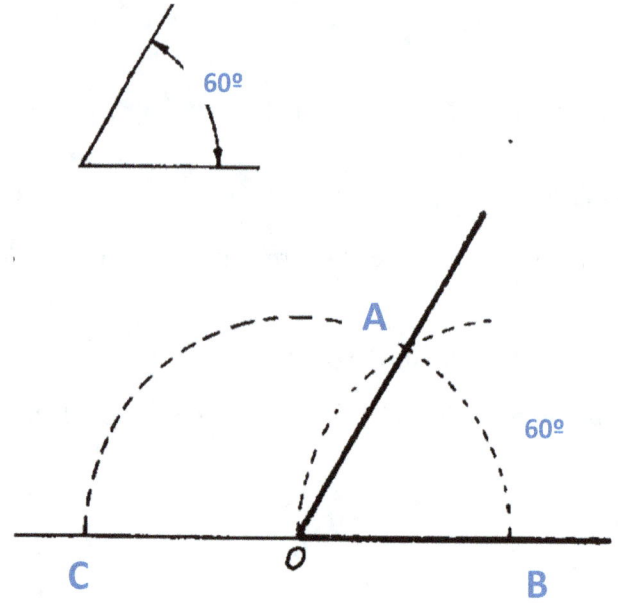

5.   BISECTRIZ

La bisectriz de un ángulo es una línea o rayo que divide ese ángulo en dos ángulos congruentes, es decir, en dos ángulos que tienen la misma medida. La bisectriz se origina en el vértice del ángulo y se extiende hasta intersectar el lado opuesto del ángulo.

En otras palabras, si tienes un ángulo dado, la bisectriz divide ese ángulo en dos partes iguales, creando dos ángulos de igual medida. El punto de intersección de la bisectriz con el lado opuesto del ángulo es el punto donde se divide el ángulo en dos partes iguales.

La bisectriz es especialmente útil en geometría y trigonometría, ya que permite encontrar ángulos congruentes y Resuelve problemas relacionados con la división de ángulos en partes iguales. Además, se utiliza en la construcción de ángulos específicos, como ángulos de 45 grados o 30 grados, mediante la división de ángulos mayores en partes iguales.

Ejercicio 15.   Traza la bisectriz a un ángulo dado AOB.

1. Es necesario Traza un arco con radio mn de cualquier medida.

2. Tomando como centro los puntos m y n, se deben Traza dos arcos que al intersectarse nos permitirán determinar el punto N. Este punto es por donde pasará la semirrecta OM, que es bisectriz del ángulo AOB.

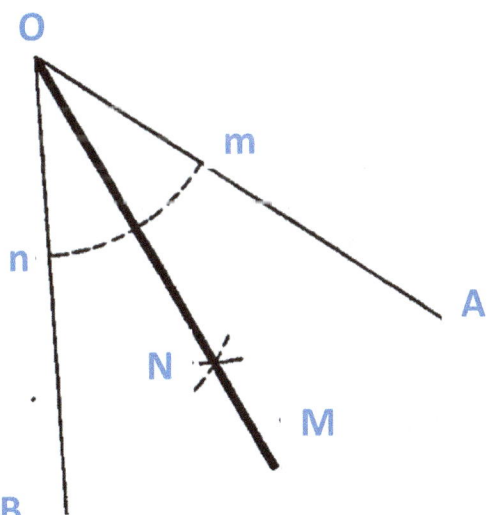

Ejercicio 16.   Resuelve el mismo problema utilizando otro método.

1. Sobre uno de los lados OA del ángulo, se deben Toma dos puntos m y n ubicados a una distancia arbitraria.

2. En el lado OB, se deben Toma dos puntos m' y n', situados a la misma distancia del vértice O que los anteriores. Es decir, Om = Om' y On = On'.

3. Se debe Une m y n', así como m' y n.

4. Los segmentos mn' y m'n se cortan en un punto M, por donde pasará la bisectriz solicitada.

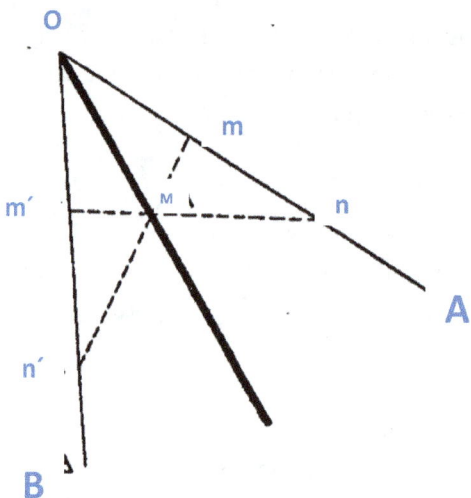

Ejercicio 17. Dadas las rectas convergentes AB y CD, que se suponen lados de un ángulo, que se cortan fuera de los límites del dibujo, Traza su bisectriz.

1. Es necesario dibuja dos rectas OS' y Om', paralelas a las que se han dado, a una distancia determinada. (Consultar problema n.11.)

2. Se debe Traza la bisectriz del ángulo S Om', la cual también será la bisectriz de las rectas AB y CD que se han mencionado.

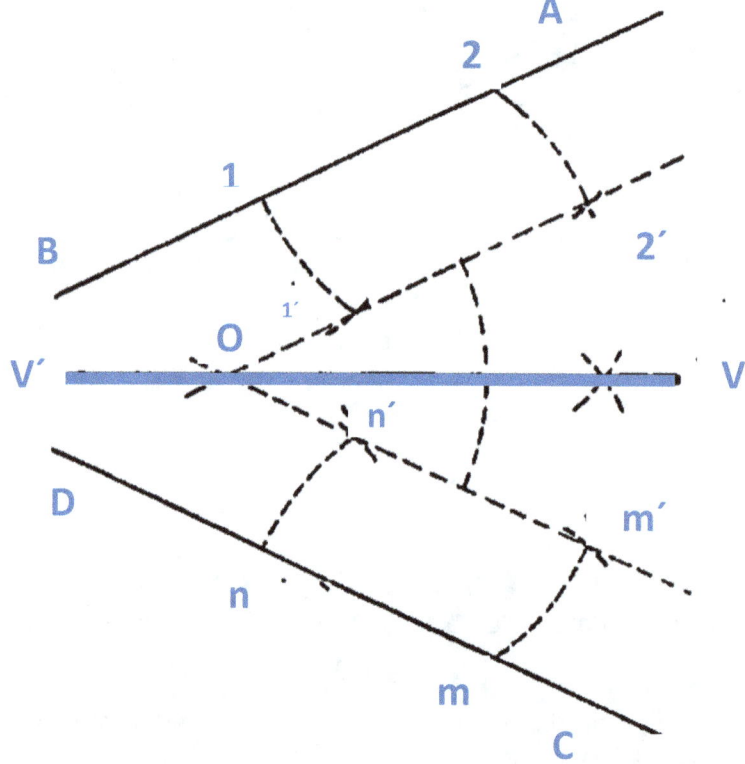

Ejercicio 18. Resuelve el problema anterior por otro procedimiento.

Es necesario elegir dos puntos cualesquiera m y m' en las rectas dadas AB y CD.

Posteriormente, debemos unir m y m', lo que nos permitirá determinar con la recta AB dos ángulos Amm' y Bmm', y otros dos, mm'D y mm'C, con la recta CD.

Luego, es importante Traza las bisectrices de los cuatro ángulos mencionados anteriormente, las cuales se cruzarán en los puntos V y V'.

Finalmente, la recta VV' será la bisectriz de las rectas dadas AB y CD.

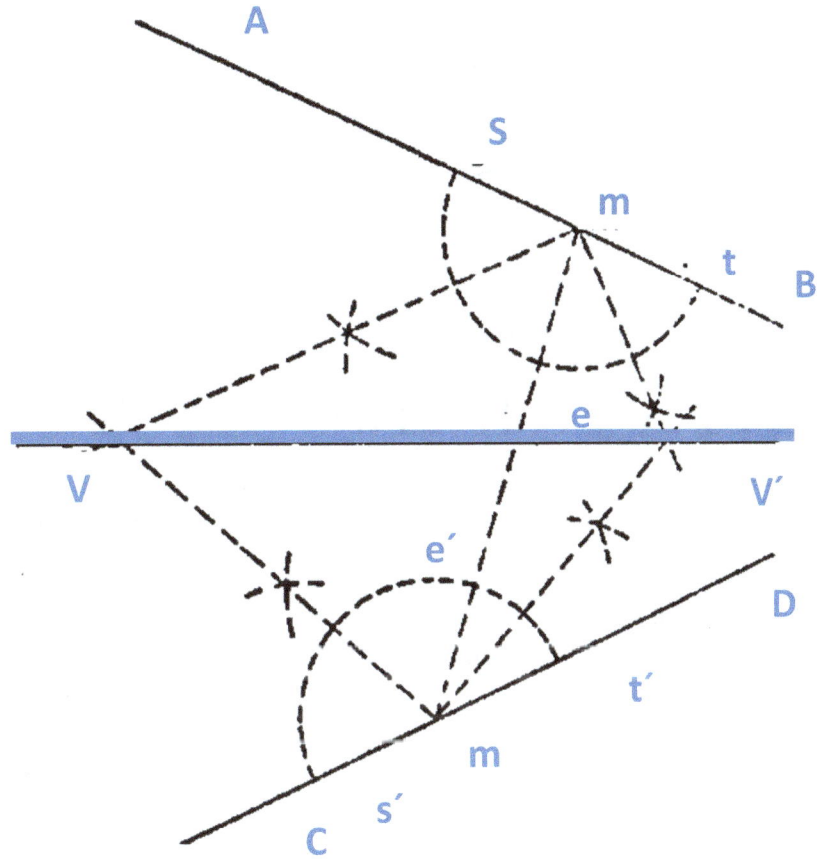

Ejercicio 19. Dadas dos rectas convergentes AB y CD, y un punto P, situado fuera o entre las mismas, Traza por el mismo una recta que sea convergente con las dadas.

1. Une P con dos puntos cualesquiera m y m' ubicados en las rectas proporcionadas mediante dos puntos.

2. Dibuja el segmento rectilíneo mm'.

3. A partir de cualquier punto n de la recta AB, Traza una línea paralela a mm'. Además, Traza una línea paralela a mP desde n, y otra línea paralela a m'P desde n'.

19

4. Las dos líneas paralelas trazadas anteriormente se cruzarán en el punto S.

5. La línea VV', que se forma al Une P y S, será la línea convergente de las rectas AB y CD dadas que pasa por P. Por lo tanto, las rectas AB, CD y VV' se encontrarán en un mismo punto.

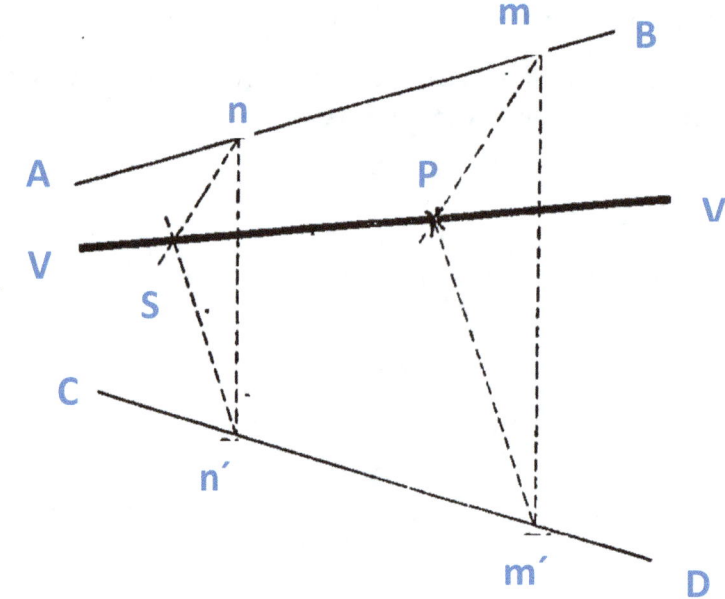

6. OPERACIONES CON ÁNGULOS

Los ángulos son medidas de apertura entre dos rayos o segmentos de línea que comparten un punto común llamado vértice. Puedes realizar diversas operaciones y manipulaciones con ángulos, algunas de las operaciones más comunes incluyen:

- Suma de Ángulos: Puedes sumar dos o más ángulos para encontrar el ángulo resultante. La suma se realiza simplemente sumando las medidas de los ángulos individuales. Por ejemplo, si tienes un ángulo de 30 grados y otro de 45 grados, la suma de estos dos ángulos es 75 grados.

- Resta de Ángulos: Puedes restar un ángulo de otro para encontrar la diferencia entre ellos. La resta se realiza restando la medida del ángulo que deseas restar de la medida del ángulo del que deseas restarlo. Por ejemplo, si tienes un ángulo de 60 grados y deseas restarle un ángulo de 25 grados, la diferencia sería de 35 grados.

- Multiplicación de Ángulos: Puedes multiplicar un ángulo por un número para encontrar un ángulo con una medida proporcional. Por ejemplo, si tienes un ángulo de 30 grados y lo multiplicas por 2, obtendrás un ángulo de 60 grados.

- División de Ángulos: Puedes Divide un ángulo en partes iguales. Por ejemplo, puedes Divide un ángulo de 90 grados en tres partes iguales, resultando en tres ángulos de 30 grados cada uno.

- Complemento y Suplemento: Puedes encontrar el complemento de un ángulo (el ángulo que se suma al ángulo dado para hacer 90 grados) o el suplemento de un ángulo (el ángulo que se suma al ángulo dado para hacer 180 grados).

- Medir Ángulos: Utilizar instrumentos como el transportador para medir ángulos y determinar su medida exacta en grados.

- Identificación de Ángulos Congruentes: Puedes identificar ángulos que tienen la misma medida (ángulos congruentes) en diferentes partes de una figura geométrica.

- Resolución de Problemas Geométricos: Puedes utilizar las propiedades de los ángulos para Resuelve problemas de geometría, como encontrar longitudes de lados o áreas de figuras.

Estas son algunas de las operaciones y manipulaciones comunes que se pueden realizar con ángulos en matemáticas y geometría. Los ángulos son una parte fundamental de la geometría y se utilizan en una amplia variedad de aplicaciones en la ciencia y la ingeniería.

Ejercicio 20. Construye un ángulo igual a la suma de otros dos dados a y b.

Se debe proceder trazando arcos con el mismo radio en los ángulos establecidos. Luego, se debe Traza la semirrecta OA y en el centro O se debe Traza un arco con el mismo radio que los ángulos dados. Seguidamente, en el arco trazado se deben trasladar las aberturas de los ángulos b y a, comenzando desde el punto S. Finalmente, se debe Une los puntos O y M para obtener el ángulo BOA cuyo valor es igual a la suma de los ángulos a y b establecidos.

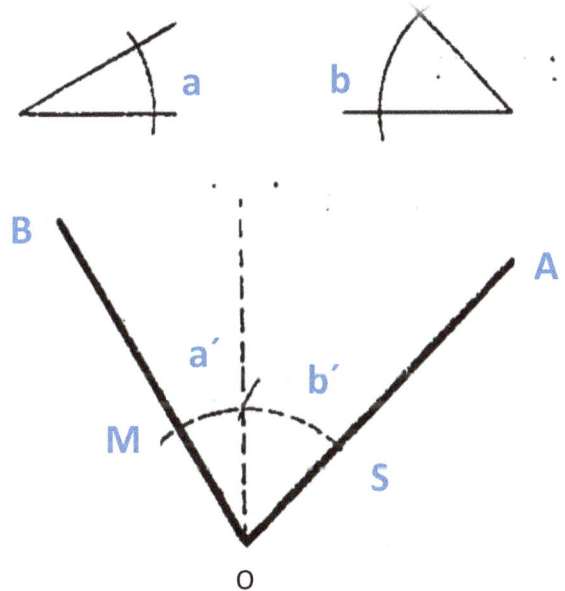

Ejercicio 21. Construye un ángulo igual a la diferencia de otros dos ángulos dados a y b.

Se debe Traza arcos con el mismo radio en los ángulos especificados. Para Traza la semirrecta OA, se debe hacer centro en O y Traza un arco de igual radio al utilizado en los ángulos dados. En el arco trazado, a partir de M se debe Lleva la apertura del ángulo mayor a, mientras que desde el punto S se debe Lleva la magnitud del ángulo menor b. Luego, se debe Une los puntos O y T y así se obtendrá el ángulo BOA, que será igual al ángulo a, menos el ángulo b.

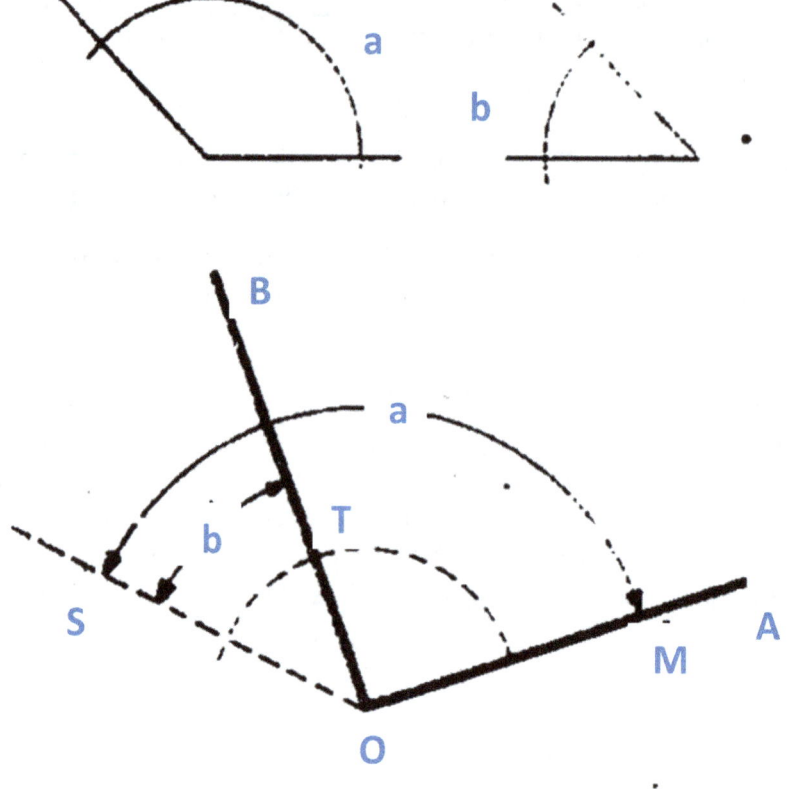

Ejercicio 22.   Suma dos ángulos por medio del transportador.

1. Traza una semirrecta OA.

2. Colocar el transportador de tal forma que el centro del mismo coincida con el extremo O, y su diámetro con dicha semirrecta.

3. Por la división 115 (850 + 302 = 1150) se marca un punto que unido con O nos da el otro lado del ángulo pedido.

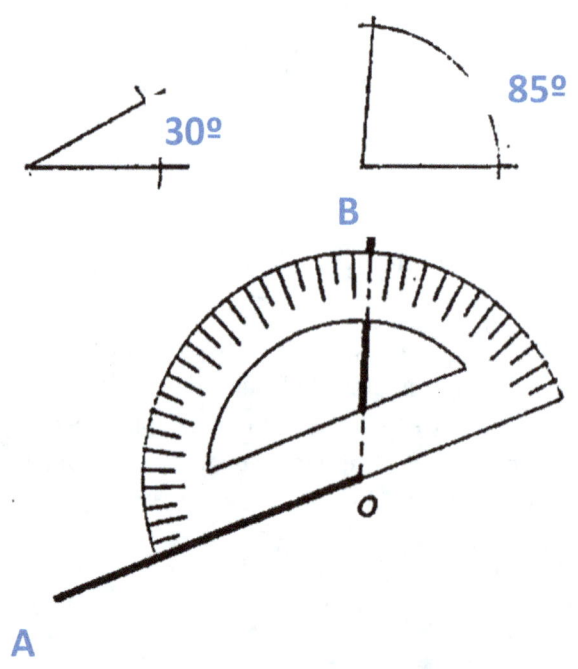

30º

85º

B

A

O

Ejercicio 23. Resta dos ángulos por medio del transportador.

El presente inconveniente guarda similitud con el previo. Únicamente se requiere Lleva a cabo una sustracción numérica de los ángulos, específicamente, 1102 - 250 = 850. Posteriormente, se deberá plasmar dicha operación en el instrumento denominado transportador.

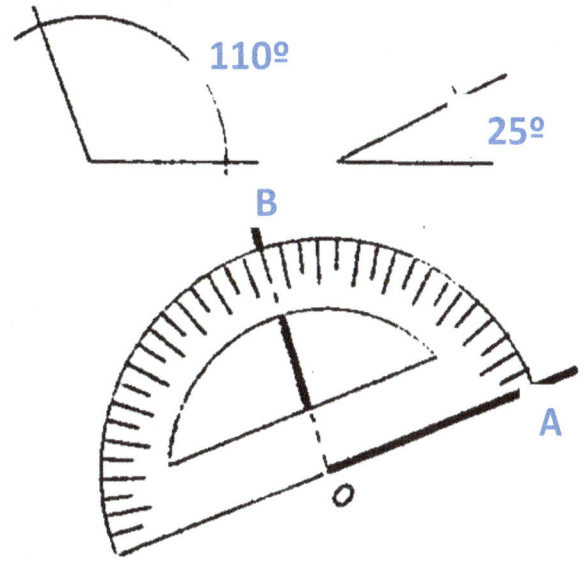

Ejercicio 24. Divide un ángulo recto en tres partes iguales.

1. Con cualquier radio disponible, podemos traza el arco nm.

2. Utilizando el mismo radio, podemos describir el arco At desde n y el arco As desde m.

3. Al Une los puntos A, s y t, habremos completado la división solicitada de manera satisfactoria.

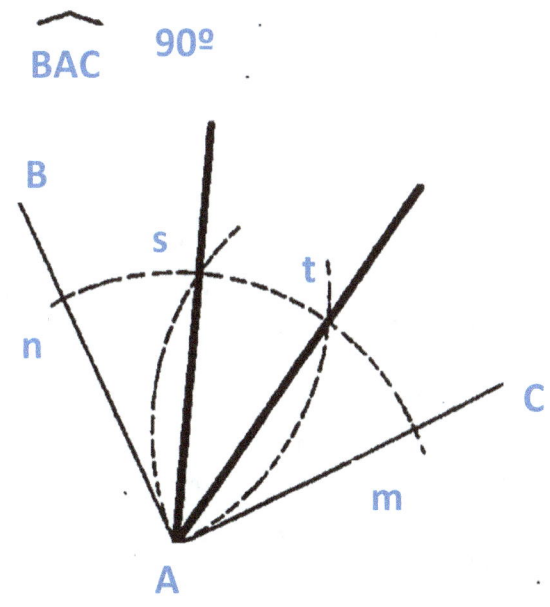

Ejercicio 25.   Divide un ángulo AOB en cuatro partes iguales.

1. Traza la bisectriz del ángulo pedido.

2. Vuelve a realizar el mismo procedimiento en cada uno de los ángulos AOP y BOP.

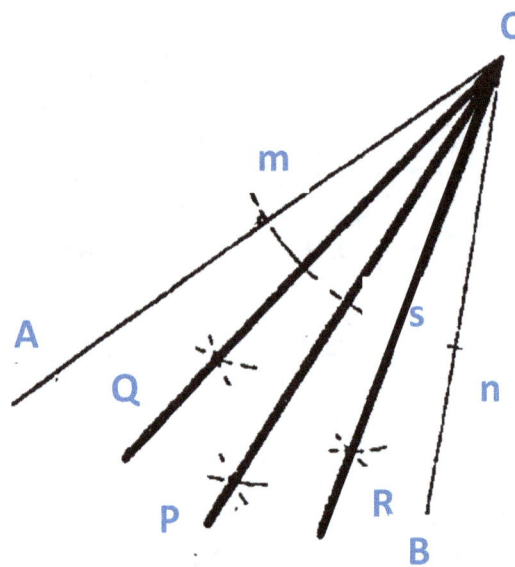

7.   TRIANGULOS

Un triángulo es una figura geométrica plana que consta de tres lados y tres vértices. Está completamente definido por la intersección de tres segmentos de línea. Los lados de un triángulo son los segmentos de línea que conectan dos vértices consecutivos, y los vértices son los puntos donde se encuentran los extremos de los lados.

Un triángulo tiene varias propiedades importantes:

- Suma de Ángulos: La suma de los ángulos interiores de un triángulo siempre es igual a 180 grados. Esta propiedad se conoce como la "suma de ángulos internos de un triángulo".
- Clasificación por Lados: Los triángulos se pueden clasificar según la longitud de sus lados en:
  - Triángulo equilátero: Todos los lados tienen la misma longitud.
  - Triángulo isósceles: Dos lados tienen la misma longitud.
  - Triángulo escaleno: Todos los lados tienen longitudes diferentes.
- Clasificación por Ángulos: Los triángulos también se pueden clasificar según la medida de sus ángulos interiores en:
  - Triángulo rectángulo: Tiene un ángulo recto, es decir, un ángulo de 90 grados.

- Triángulo obtuso: Tiene un ángulo obtuso, que es mayor de 90 grados.
- Triángulo agudo: Todos los ángulos son agudos, es decir, tienen menos de 90 grados.
- Teorema de Pitágoras: En un triángulo rectángulo, el cuadrado de la longitud de la hipotenusa (el lado opuesto al ángulo recto) es igual a la suma de los cuadrados de las longitudes de los otros dos lados. Este es conocido como el teorema de Pitágoras.

Los triángulos son una de las figuras geométricas más fundamentales y se utilizan ampliamente en matemáticas, geometría, trigonometría y diversas aplicaciones prácticas en la vida cotidiana y la ciencia, como la medición de distancias y la resolución de problemas de triangulación.

Ejercicio 26.   Construye un triángulo conociendo sus tres lados a, b y c.

En una recta arbitraria, se debe trasladar la medida de uno de los lados a.

1. Con el punto C como centro y la longitud b como radio, se debe dibuja un arco.
2. Desde el punto B, se debe repetir la operación, pero esta vez con la longitud c como radio.
3. Se debe Une el punto de intersección de los dos arcos trazados anteriormente, el punto A, con los puntos C y B. De esta manera, se habrá construido el triángulo solicitado.

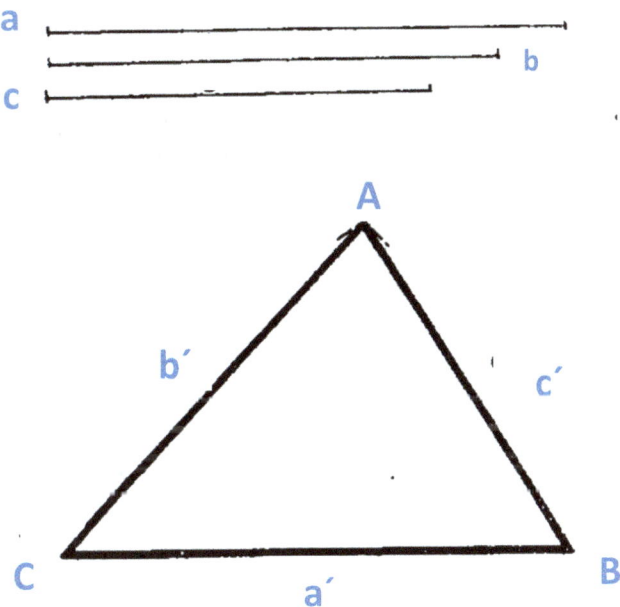

Ejercicio 27. Construye un triángulo conociendo dos lados a y b y el ángulo comprendido C.

1. Lleva la magnitud b, igual a uno de los lados dados, sobre una recta.

2. Dibuja en C un ángulo igual al dado.

3. Trasladar la magnitud a, dato del problema, sobre el otro lado de este ángulo.

4. Une A con C y B y obtendremos el triángulo deseado ABC.

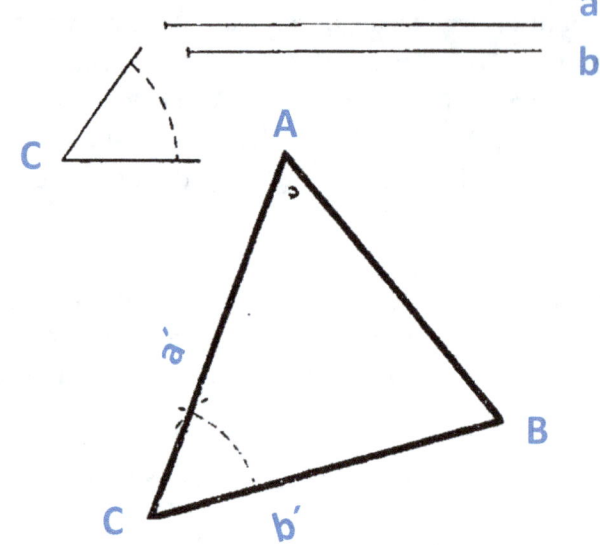

Ejercicio 28. Construye un triángulo conociendo un lado a y los ángulos de sus extremos B y C.

1. Sobre una recta cualquiera lleve la magnitud a del lado conocido.

2. En cada uno de los extremos del segmento rectilíneo BC Construye ángulos B y C, iguales a los dados, cuyos lados se cortarán en A, obteniéndose así el triángulo pedido ABC.

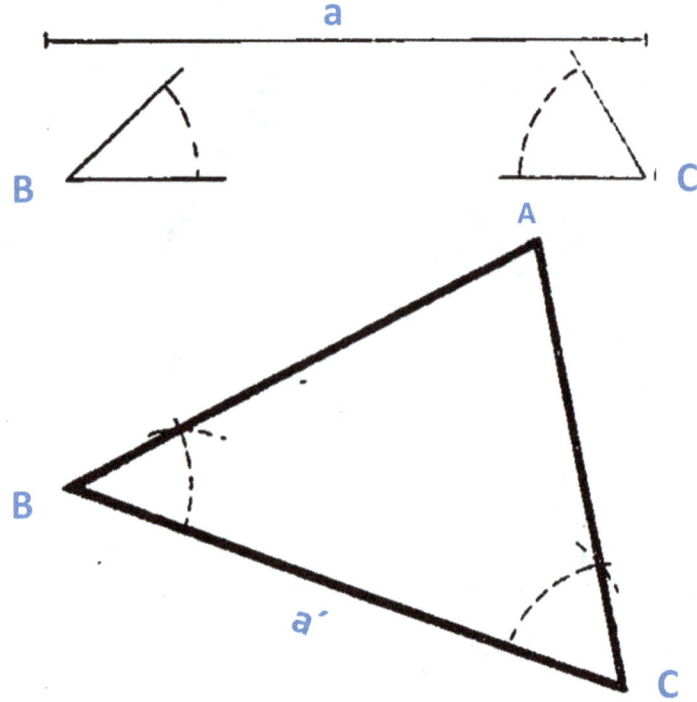

Ejercicio 29. Construye un triángulo equilátero conociendo el lado l.

1. Tome la magnitud Z del lado y colóquela en cualquier punto de una recta.

2. Desde los extremos A y B, dibuje arcos con radio igual a la magnitud del lado. Estos arcos se intersectarán en el punto C, que será el tercer vértice del triángulo equilátero que se solicita.

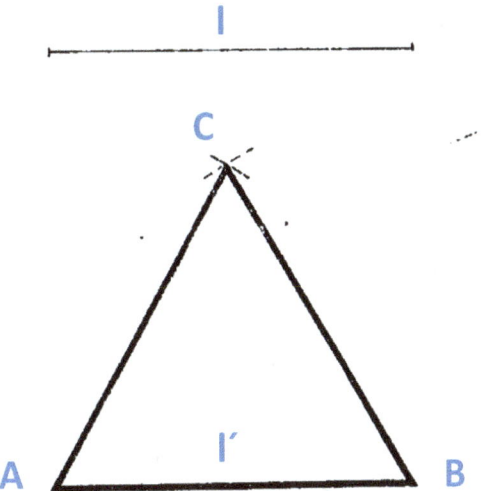

Ejercicio 30. Construye un triángulo isósceles conociendo el valor de sus lados b y l.

1. Trasladar la medida b de uno de los lados dados a lo largo de una recta.

2. Con A y B como centros, dibuja arcos con una longitud igual al otro lado l, los cuales se intersectarán en el punto C.

3. Une los puntos C, A y B, y así tendremos construido el triángulo isósceles deseado.

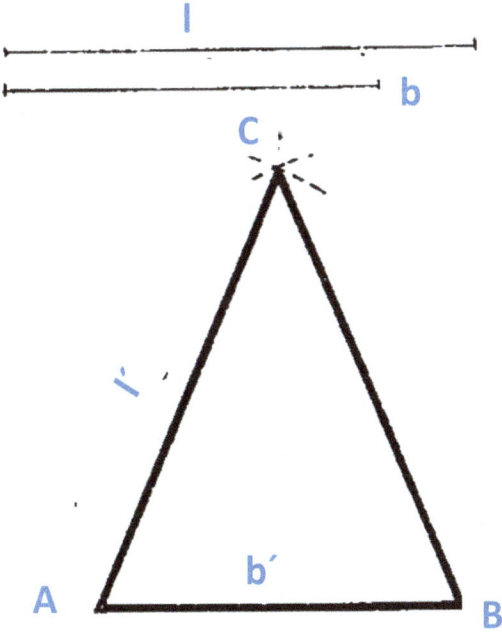

Ejercicio 31. Construye un triángulo isósceles conociendo el valor de un lado l y el de su altura correspondiente h.

1. Colocar el valor del lado l en cualquier recta y dibuja su línea media.

2. Mover la magnitud h de la altura dada sobre esta línea perpendicular, determinando el punto C, que es el tercer vértice del triángulo.

3. Une C con A y B.

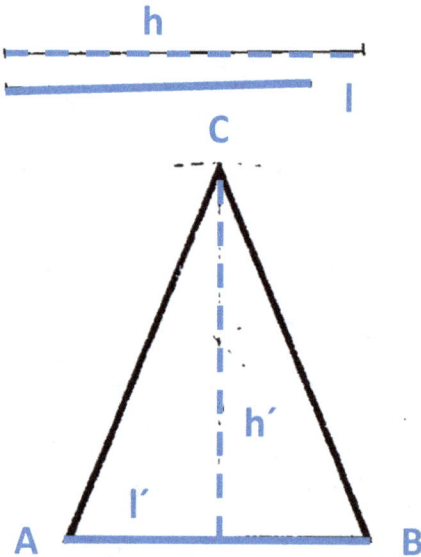

Ejercicio 32. Construye un triángulo rectángulo conociendo el valor de los dos catetos b y c.

1. Traza el segmento AC igual al cateto b; y en su extremo A, la perpendicular AB igual al otro cateto C.

2. Une B y C y tendremos construido el triángulo rectángulo pedido.

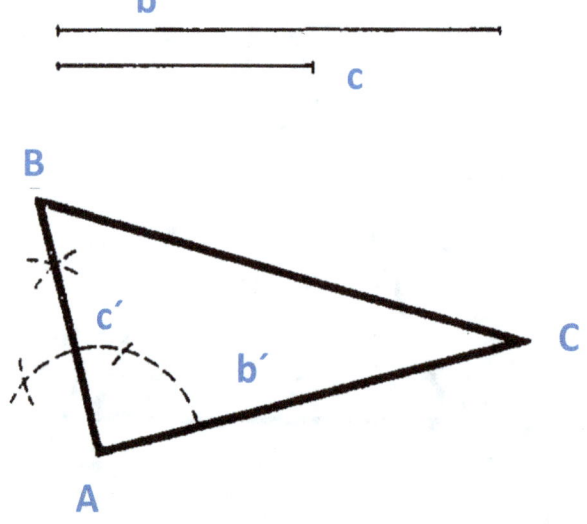

Ejercicio 33. Construye un triángulo rectángulo conociendo el valor de la hipotenusa a y de un cateto b.

1. Tomando la hipotenusa a como diámetro, Traza una semicircunferencia.
2. Con centro en C Traza un arco de radio igual al cateto dado b; este arco nos determinará el punto A, al cortar a la semicircunferencia.

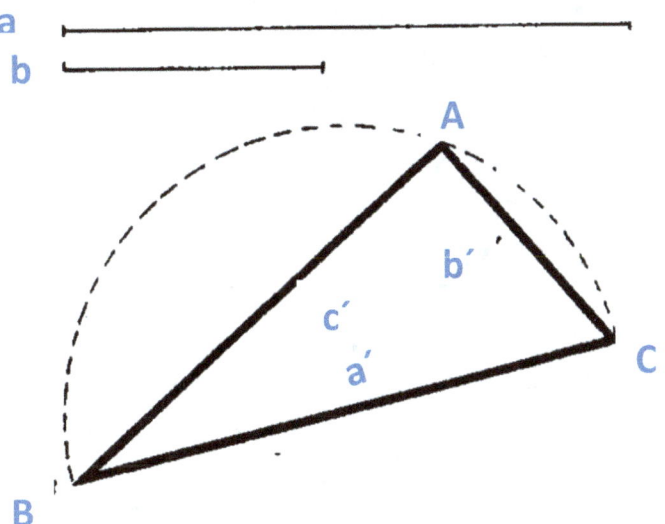

Ejercicio 34. Construye un triángulo rectángulo conociendo el valor de la hipotenusa a y de un ángulo agudo C.

1. Toma la hipotenusa a como diámetro y Traza una semicircunferencia.
2. En el extremo C de la hipotenusa construye un ángulo igual al dado, el cual nos determinará el vértice A del triángulo.
3. Une A con B.

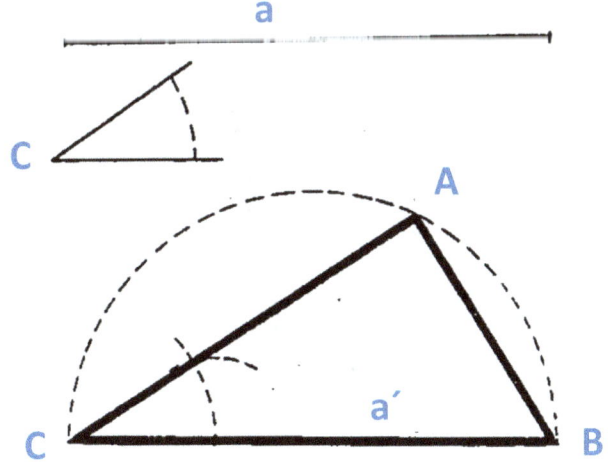

Ejercicio 35. Construye un triángulo rectángulo conociendo la hipotenusa a y un ángulo agudo B = 60º.

1. Traza semicircunferencia de diámetro igual a la hipotenusa a.
2. Desde B y con radio igual al de la semicircunferencia describir el arco AO.
3. Une A con B y C.

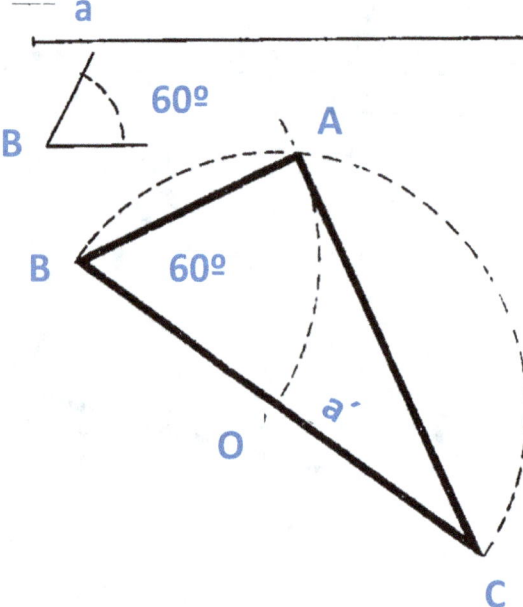

Ejercicio 36. Construye un triángulo isósceles conociendo el valor del lado l, y del ángulo C, comprendido entre los dos lados iguales l.

1. Traza un ángulo igual al dado.
2. Con centro en C Lleva la magnitud del lado l sobre los dos lados del ángulo.
3. Une B y A.

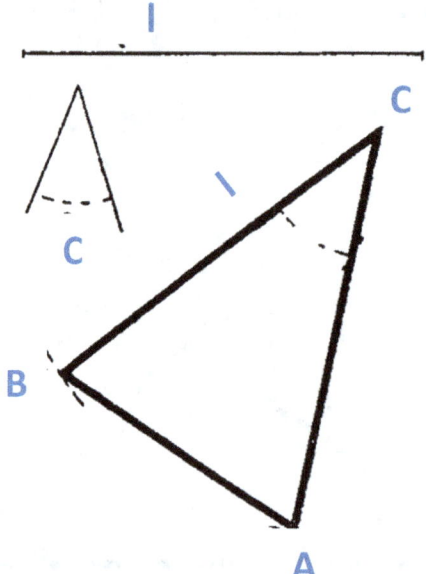

Ejercicio 37. Construye un triángulo isósceles conociendo la base b y el ángulo opuesto C.

1. Traza una recta DB y Toma AB igual a la base b.
2. Construye el ángulo EAD igual al ángulo C. 39º
3. Traza la bisectriz del ángulo EAB.

4. Toma el valor del ángulo CAB y trasportarlo al punto B.
5. La intersección de la bisectriz trazada anteriormente con el lado del ángulo trazado en B nos da el vértice C y, por tanto, el triángulo pedido.

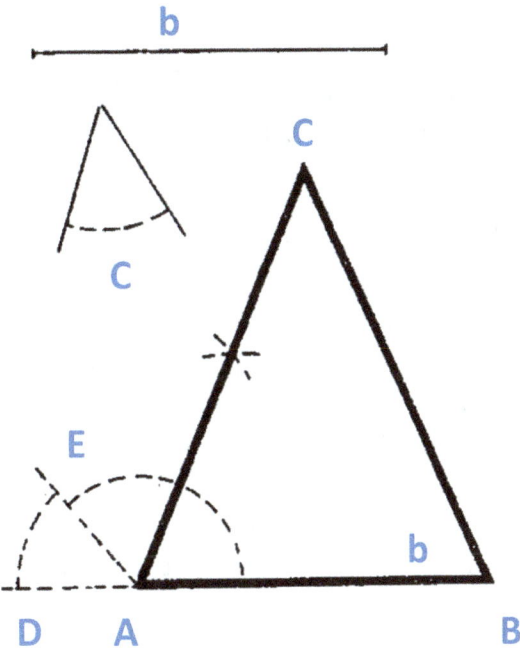

8.   PARALELOGRAMOS

Un paralelogramo es un cuadrilátero (una figura geométrica con cuatro lados) en la que los lados opuestos son paralelos, es decir, nunca se cruzan y se mantienen a la misma distancia en toda su longitud. Esto significa que los dos pares de lados opuestos del paralelogramo son paralelos entre sí.

Además de esta característica fundamental de tener lados opuestos paralelos, los paralelogramos tienen otras propiedades importantes:

- Lados Congruentes: Los lados opuestos de un paralelogramo tienen la misma longitud.
- Ángulos Opuestos Congruentes: Los ángulos opuestos (los que están en lados opuestos del vértice) de un paralelogramo tienen la misma medida.
- Ángulos Adyacentes Suplementarios: Los ángulos adyacentes (los que comparten un lado común) en un paralelogramo suman 180 grados.
- Diagonales: Los paralelogramos tienen dos diagonales que se cruzan en su punto medio, dividiendo el paralelogramo en cuatro triángulos congruentes.
- Opuestos de un Paralelogramo: Los lados opuestos y los ángulos opuestos de un paralelogramo son congruentes, lo que significa que tienen la misma longitud o medida.

Los paralelogramos son una categoría amplia de figuras geométricas que incluye rectángulos, cuadrados y rombos, entre otros. Cada uno de estos subtipos de paralelogramos tiene propiedades adicionales y características específicas que los distinguen. Los paralelogramos son importantes en matemáticas y geometría y se utilizan en diversos contextos, como el cálculo de áreas y la resolución de problemas geométricos.

9. CUADRADO

Un cuadrado es un tipo específico de cuadrilátero que tiene cuatro lados de igual longitud y cuatro ángulos rectos (ángulos de 90 grados). Es una figura geométrica especial debido a sus propiedades únicas y simétricas.

Las características clave de un cuadrado son:

- Lados Congruentes: Todos los lados de un cuadrado tienen la misma longitud, lo que significa que son iguales entre sí.
- Ángulos Rectos: Los cuatro ángulos de un cuadrado miden exactamente 90 grados, lo que indica que son ángulos rectos en cada esquina.
- Lados Opuestos Paralelos: Los lados opuestos de un cuadrado son paralelos entre sí, lo que significa que nunca se cruzan.
- Diagonales Congruentes: Las diagonales de un cuadrado son segmentos de línea que conectan vértices opuestos. Las diagonales de un cuadrado son congruentes entre sí, lo que significa que tienen la misma longitud y se cruzan en su punto medio formando ángulos rectos.

Ejercicio 38. Construye un cuadrado conociendo el lado l.

1. En el extremo A del lado AB Traza una perpendicular.
2. Lleva la magnitud del lado sobre esta perpendicular, a partir de A, dándonos el punto C.
3. Toma C como centro, y con la magnitud del lado Traza un arco.
4. Traza otro arco desde B con la misma magnitud, el cual cortará en D al anteriormente trazado.
5. Une C con D y D con B teniendo así construido el cuadrado.

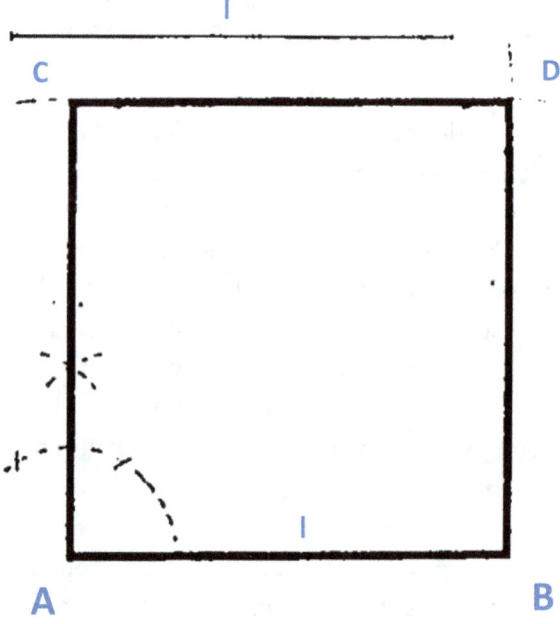

Ejercicio 39. Construye un cuadrado conociendo el valor de la diagonal d.

1. Traza la mediatriz a la diagonal AB.
2. Desde el centro O y con radio igual a la mitad de la diagonal Traza dos arcos que cortarán en C y D a la mediatriz.
3. Une A con C y D, y B con O y D.

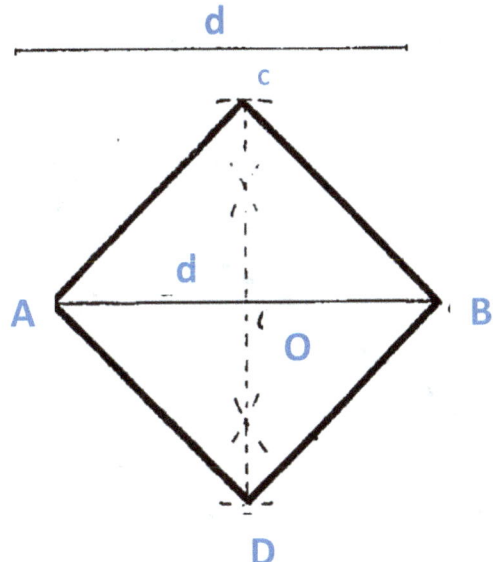

10. RECTANGULO

Un rectángulo es un tipo específico de cuadrilátero que tiene cuatro lados y cuatro ángulos rectos (ángulos de 90 grados). Los lados opuestos de un rectángulo son paralelos entre sí, y los ángulos opuestos son congruentes, lo que significa que tienen la misma medida.

Las características clave de un rectángulo son:

- Ángulos Rectos: Todos los ángulos del rectángulo miden exactamente 90 grados, lo que hace que sea un cuadrilátero con ángulos rectos en cada esquina.
- Lados Opuestos Paralelos: Los lados opuestos de un rectángulo son paralelos entre sí, lo que significa que nunca se cruzan.
- Lados Adyacentes Congruentes: Los lados adyacentes (los que comparten un vértice común) de un rectángulo tienen la misma longitud.
- Diagonales: Las diagonales de un rectángulo son segmentos de línea que conectan vértices opuestos. Las diagonales de un rectángulo tienen la misma longitud y se cruzan en su punto medio.

Debido a sus ángulos rectos y lados congruentes, los rectángulos son especialmente útiles en geometría y matemáticas. Son la base de muchas construcciones y aplicaciones prácticas en la vida cotidiana, como la construcción de edificios, la fabricación de marcos y la resolución de problemas geométricos. Un rectángulo es un caso especial de un paralelogramo y un cuadrilátero.

Ejercicio 40.   Construye un rectángulo conociendo sus dos lados l y l'.

1. En el extremo A de uno de los lados AB Traza una perpendicular AD, tomando sobre la misma la magnitud l' del otro lado.
2. Con centro en D Traza un arco de radio igual a l.
3. Tomando B como centro Traza un arco de radio igual a l', que cortará en E al anteriormente trazado.

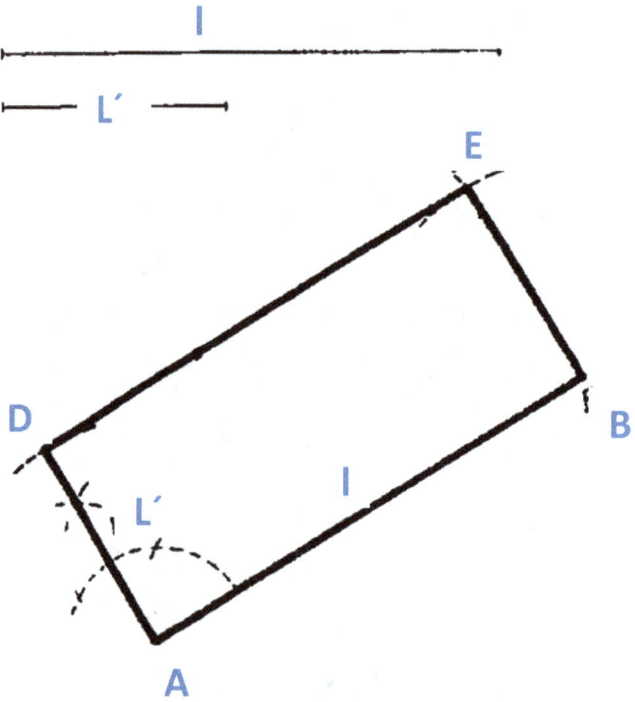

Ejercicio 41. Construye un rectángulo conociendo un lado L y su diagonal d.

1. Tomando la diagonal d como diámetro Traza una circunferencia.
2. Con la magnitud de L traza un arco desde A, el cual cortará
3. a la circunferencia en el punto C.
4. Une C con A y B.
5. Desde A traza una paralela a CB, y desde B, una paralela a AC.

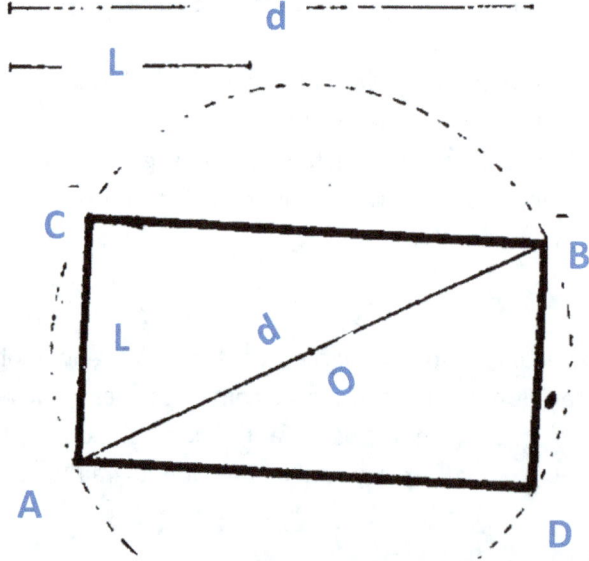

Ejercicio 42. Construye un rectángulo conociendo la diagonal d y el ángulo 1.

1. Traza un segmento AB igual a d, y desde el punto medio O Construye un ángulo igual al dado.
2. Sobre el otro lado del ángulo Lleva OC hacia la izquierda y OD hacia la derecha. Estos segmentos valen la semidiagonal.
3. Une los cuatro vértices A, D, B y C.

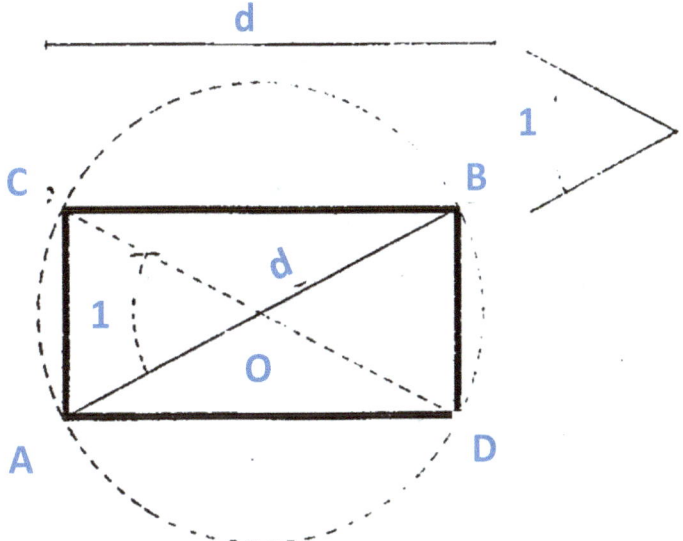

11. ROMBO

Un rombo es un tipo específico de paralelogramo, que es un cuadrilátero con cuatro lados en el que los lados opuestos son paralelos. Sin embargo, el rombo tiene características adicionales que lo distinguen:

- Lados Congruentes: En un rombo, los cuatro lados tienen la misma longitud. Esto significa que todos los lados del rombo son congruentes entre sí.
- Ángulos Congruentes: Los ángulos opuestos en un rombo también son congruentes, lo que significa que tienen la misma medida. Cada ángulo interior del rombo mide 90 grados.
- Diagonales Perpendiculares: Las diagonales de un rombo son segmentos de línea que conectan vértices no adyacentes. Las diagonales de un rombo son perpendiculares entre sí, lo que significa que forman ángulos rectos en su punto de intersección.
- Bisectrices: Las diagonales de un rombo también actúan como bisectrices de los ángulos del rombo, dividiendo cada ángulo en dos ángulos congruentes de 45 grados.

En resumen, un rombo es un paralelogramo con lados congruentes, ángulos congruentes y diagonales perpendiculares. Debido a estas propiedades, los rombos tienen características geométricas únicas y son ampliamente utilizados en matemáticas y geometría, así como en aplicaciones prácticas en la construcción y el diseño.

Ejercicio 43. Construye un rombo conociendo sus diagonales d y d'.

1. Traza la mediatriz a la diagonal d.
2. Desde O y con radio igual a la mitad de la otra diagonal Traza dos arcos que nos determinarán los puntos C y E.
3. Une A con C y E, y B con los citados puntos C y E.

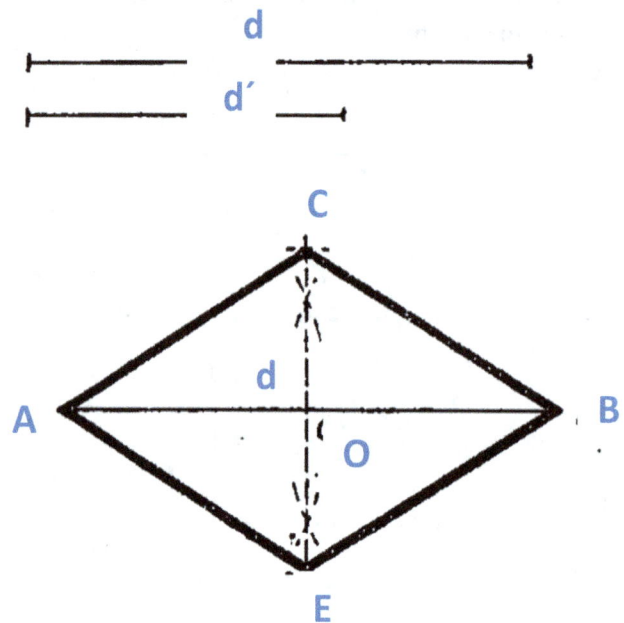

Ejercicio 44. Construye un rombo conociendo el valor de su lado l y el de una diagonal d.

1. Traza la diagonal y desde los extremos A y B describir arcos con radio igual a l.
2. Dichos arcos se cortarán en D y C.
3. Une A con D y C, y B con los citados puntos D y C.

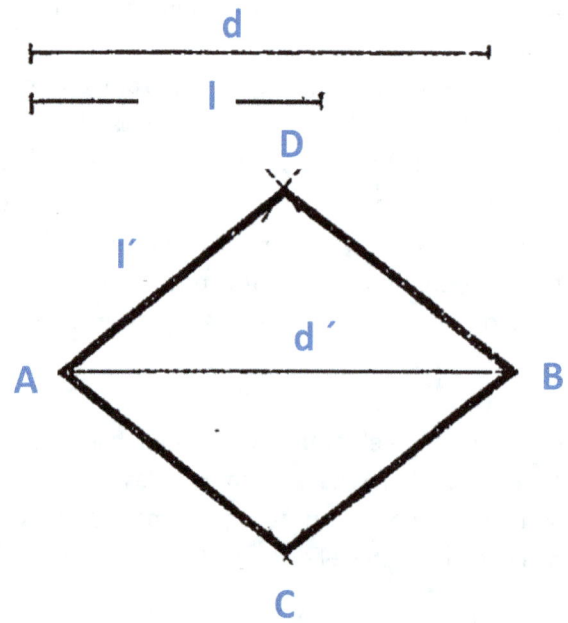

Ejercicio 45. Construye un rombo conociendo el valor del lado l y del ángulo B.

1. Traza un ángulo B igual al dado.
2. Con centro en el vértice B y con radio igual al lado describir dos arcos que nos determinarán los puntos A y C.
3. Q Con la misma magnitud Traza arcos desde A y C que se cortarán en D.
4. Q Une D con A y C y tendremos construido el rombo.
5.

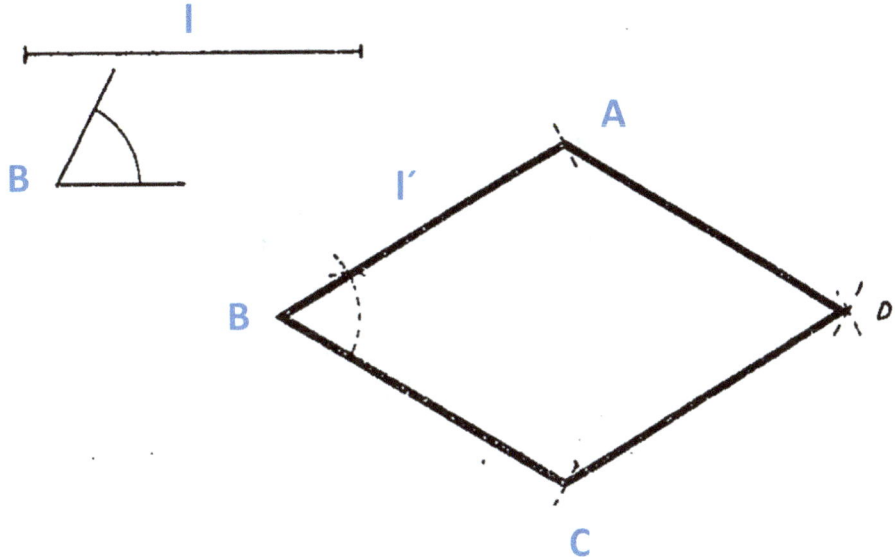

12. ROMBOIDE

Un romboide es un tipo de cuadrilátero en el que los lados opuestos son paralelos, similar a un paralelogramo. Sin embargo, a diferencia del rombo, los ángulos opuestos de un romboide no necesariamente tienen la misma medida ni son congruentes entre sí. Esto significa que los ángulos del romboide pueden tener diferentes medidas.

Las características clave de un romboide son:

- Lados Paralelos: Un romboide tiene dos pares de lados opuestos que son paralelos entre sí.
- Ángulos Adyacentes no son Congruentes: Los ángulos adyacentes (los que comparten un lado común) en un romboide generalmente no tienen la misma medida.
- Diagonales: Un romboide tiene dos diagonales que se cruzan en su punto medio. Estas diagonales pueden tener diferentes longitudes y no necesariamente son perpendiculares.
- Lados no Congruentes: Los lados del romboide no tienen necesariamente la misma longitud.

A diferencia del rombo, que tiene lados congruentes y ángulos congruentes, el romboide es un cuadrilátero más general con lados y ángulos que pueden variar en longitud y medida. El romboide es un término geométrico amplio que incluye una variedad de formas de cuadriláteros que cumplen con la característica fundamental de tener lados opuestos paralelos.

Ejercicio 46. Construye un romboide conociendo el valor de los lados l y l' y de la diagonal d.

1. Traza un segmento AB igual a la diagonal.
2. Con centro en A y radio igual a Z' Traza un arco. Con radio igual a l Traza otro arco desde B, que cortará al anteriormente trazado en el punto D.
3. De igual forma se determina el punto C, tomando l' desde B, y l desde A.

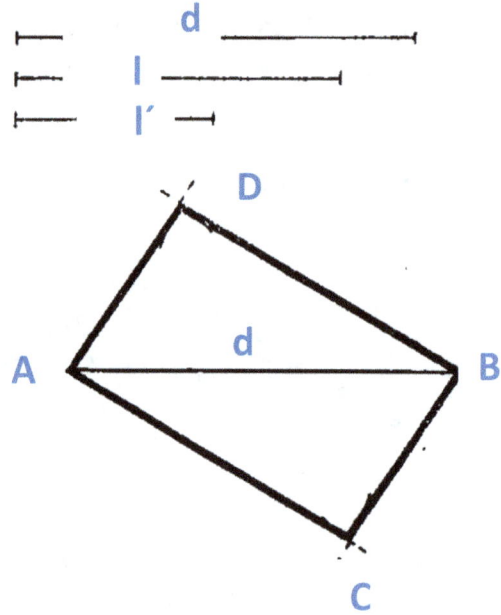

Ejercicio 47. Construye un romboide conociendo el valor de los lados l y l' y del ángulo comprendido A.

1. Traza un ángulo igual al dado, y sobre los lados del mismo Lleva las magnitudes de los lados l y l'.
2. Desde D y B describir arcos de radios l y l', respectivamente, que se cortarán en C.
3. Une C con D y B y tendremos construída la figura pedida.

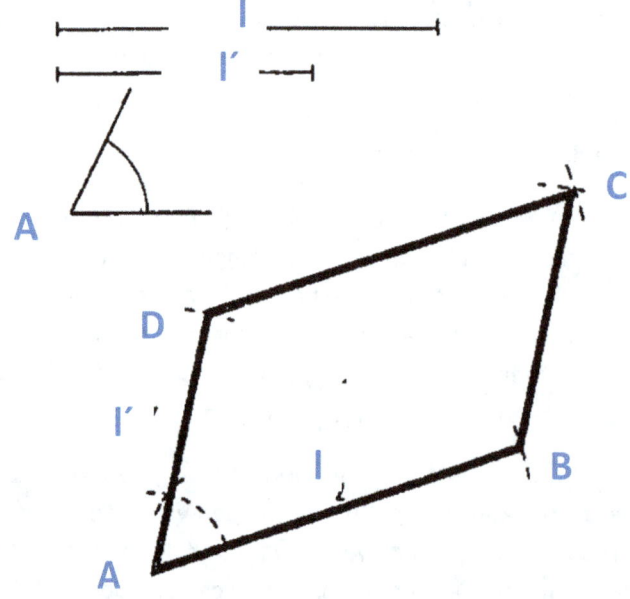

13. TRAPECIOS

Un trapecio es un cuadrilátero que tiene dos lados paralelos, llamados bases, y dos lados no paralelos, llamados lados no paralelos o laterales. Los lados no paralelos pueden tener diferentes longitudes, lo que distingue al trapecio de otros cuadriláteros como el rectángulo o el cuadrado.

Las características clave de un trapecio son:

- Bases Paralelas: Las dos bases del trapecio son segmentos de línea paralelos entre sí. Esto significa que están a la misma distancia en toda su longitud y nunca se cruzan.
- Lados No Paralelos: Los lados no paralelos del trapecio son segmentos de línea que conectan un extremo de una base con un extremo de la otra base. Estos lados no son paralelos entre sí y, por lo tanto, tienen diferentes longitudes.
- Ángulos: En un trapecio, los ángulos formados por los lados no paralelos pueden tener diferentes medidas, lo que significa que no necesariamente son congruentes. Sin embargo, los ángulos opuestos (los que están en lados no paralelos) suelen ser congruentes.
- Diagonales: Los trapecios tienen dos diagonales que conectan los vértices no adyacentes. Estas diagonales pueden tener diferentes longitudes y se cruzan en un punto interno.

Los trapecios son figuras geométricas versátiles y se utilizan en diversos contextos, como en la geometría, la arquitectura y la ingeniería. Pueden clasificarse en diferentes tipos de trapecios según las propiedades adicionales que posean, como trapecios isósceles (con lados no paralelos de igual longitud) o trapecios rectángulos (con un ángulo recto entre una base y un lado no paralelo).

Ejercicio 48.   Construye un trapecio conociendo las bases B y b, la altura h y el ángulo M.

1. En el punto T, Traza una línea que sea igual a la base mayor y, desde T, Traza una línea perpendicular de magnitud igual a la altura. Construye un ángulo igual al dado en el punto M, uno de cuyos lados cortará a la paralela trazada por E en la base mayor en el punto N.
2. Desde el punto N, Transporta la longitud "b" y marcar este punto como R.
3. Une el punto R con el punto S, obteniendo así la figura de un trapecio construido.

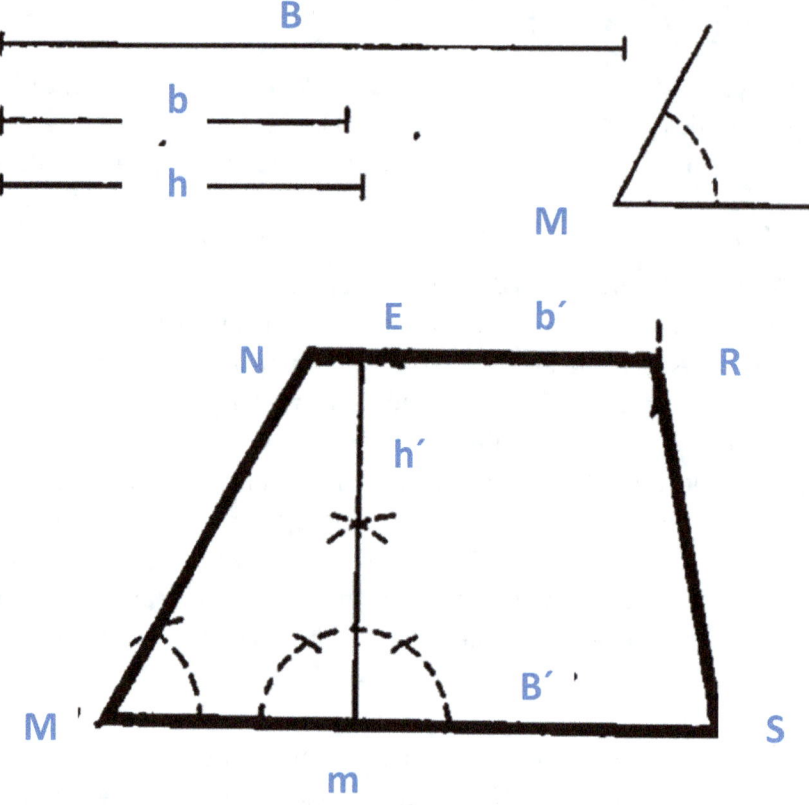

Ejercicio 49. Construye un trapecio rectángulo conociendo las bases B y b y la altura h.

1. En el punto T, dibuja una línea que tenga la misma longitud que la base mayor y, desde T, traza una línea perpendicular de igual longitud que la altura.
2. En el punto M, construye un ángulo que sea igual al ángulo dado, y uno de sus lados cortará la base mayor en el punto N, donde se encuentra la línea paralela trazada desde el punto E.
3. Desde el punto N, desplaza una distancia "b" y marca este nuevo punto como R.
4. Conecta los puntos R y S para completar la construcción del trapecio.

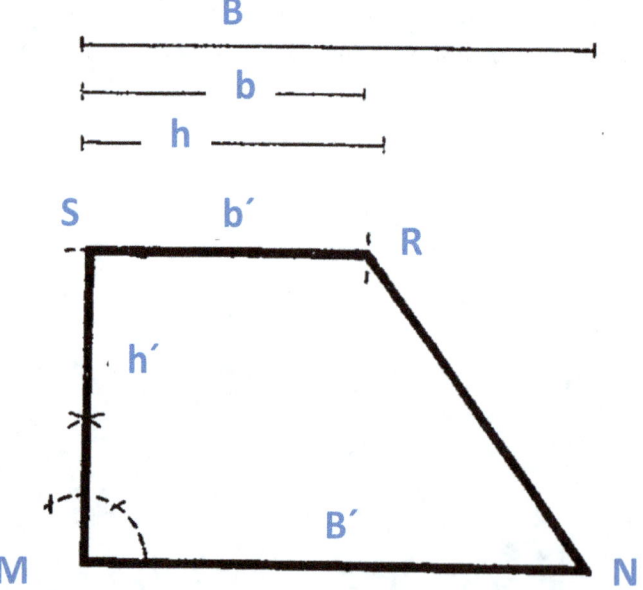

14. TRAPEZOIDES

Un trapezoide (también conocido como trapezoid en inglés) es un cuadrilátero con al menos un par de lados opuestos que no son paralelos. Esto significa que, en un trapezoide, dos lados opuestos no siguen una trayectoria paralela, mientras que los otros dos lados sí lo hacen.

Las características clave de un trapezoide son:

- Lados Opuestos No Paralelos: Los trapezoides tienen al menos un par de lados opuestos que no son paralelos entre sí. Estos lados se denominan "lados no paralelos" o "lados inclinados".
- Bases: Los lados paralelos de un trapezoide se llaman "bases". Estas bases son los lados que son paralelos entre sí y generalmente tienen longitudes diferentes.
- Ángulos: Los ángulos en un trapezoide pueden variar en medida, pero en general, no tienen necesariamente propiedades especiales como en un rectángulo o un cuadrado. Los ángulos pueden ser agudos, obtusos o rectos, según sus medidas.
- Diagonales: Los trapezoides pueden tener diagonales que conectan vértices no adyacentes. Estas diagonales pueden ser útiles para Divide el trapezoide en triángulos o encontrar medidas de ángulos y longitudes de segmentos en el trapezoide.

Los trapezoides son figuras geométricas menos regulares que otros cuadriláteros como el rectángulo o el cuadrado, ya que sus lados no son todos paralelos. Pueden tener una variedad de formas y propiedades, lo que los hace útiles en diversas aplicaciones matemáticas y geométricas.

Ejercicio 50. Construye un trapezoide conociendo los cuatro lados a, b, c y d y el ángulo A.

1. Toma una línea MN con la misma longitud que la base B y dibuja su mediatriz.
2. En la misma línea, trasladar una distancia igual a la altura h.
3. Desde el punto T, Traza dos arcos con un radio igual a la mitad de la longitud de la base menor para obtener los puntos S y R.
4. Une los puntos S con M y los puntos R con N.

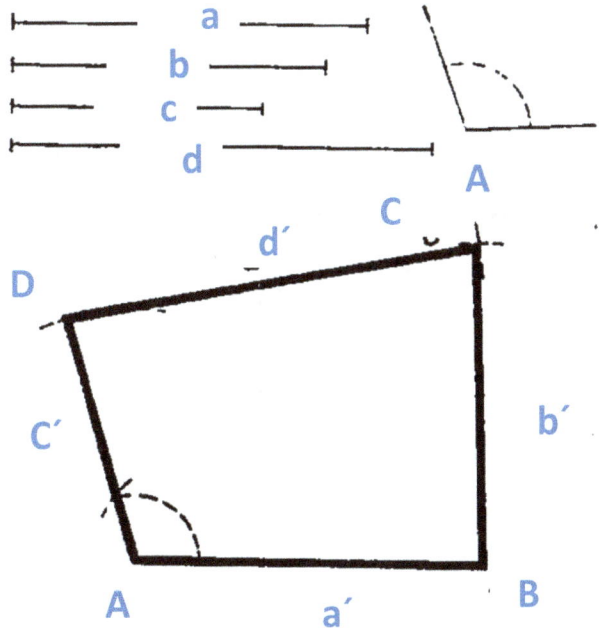

15. CIRCUNFERENCIA

Una circunferencia es una figura geométrica que consiste en todos los puntos en un plano que están a una distancia constante (llamada radio) de un punto central fijo, que se denomina centro de la circunferencia. En otras palabras, es el conjunto de puntos que forman una curva cerrada y equidistantes de un punto central.

Las características clave de una circunferencia son:

- Centro: El centro de la circunferencia es un punto fijo en el plano a partir del cual se mide la distancia hacia cualquier punto en la circunferencia.
- Radio: El radio de una circunferencia es la distancia constante desde el centro hasta cualquier punto de la circunferencia. Todos los puntos en la circunferencia están a la misma distancia del centro.
- Diámetro: El diámetro de una circunferencia es el segmento de línea que conecta dos puntos en la circunferencia y pasa por el centro. El diámetro es igual a dos veces el radio.
- Circunferencia Unitaria: Una circunferencia con un radio de longitud igual a 1 se llama "circunferencia unitaria".

Ejercicio 51. Divide el arco AB en dos, cuatro, partes iguales.

1. Desde el punto A, Traza arcos con un radio mayor que la mitad de la longitud de AB tanto en la parte superior como en la inferior del arco.

2. Realizar la misma operación desde el punto B. La mediatriz pasará por los puntos de intersección de estos arcos, y al cortar el arco AB, determinará su punto medio, denominado S.

3. Traza las mediatrices de las líneas AS y SB. De esta manera, el arco dado quedará dividido en cuatro partes iguales.

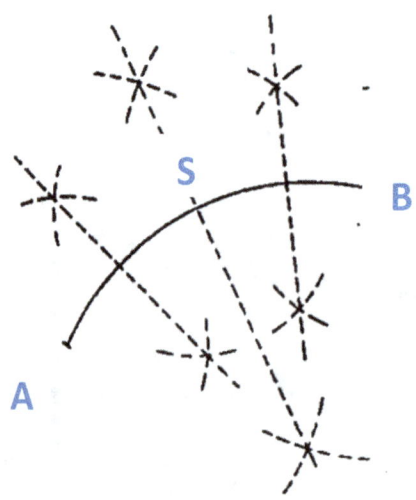

Ejercicio 52. Traza una circunferencia de radio r que pase por dos puntos A y B.

1. Usando A como punto central, dibuja un arco con un radio igual al valor proporcionado.

2. Realizar la misma operación desde B.

3. El punto O, donde los dos arcos se intersecan, será el centro de la circunferencia requerida.

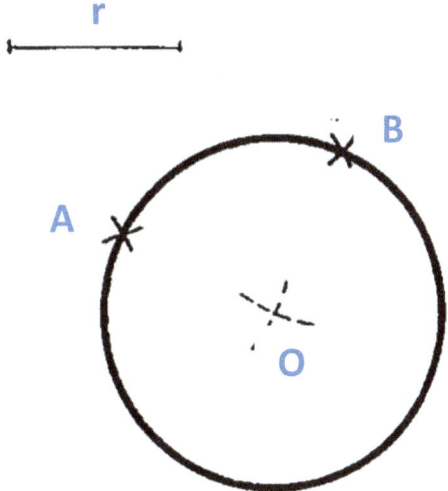

Ejercicio 53. Traza una circunferencia que pase por tres pun- tos cualesquiera A, B y C.

1. Desde el punto A como centro, traza un arco con un radio igual al valor especificado.

2. Repite la misma acción desde el punto B.

3. El centro de la circunferencia requerida será el punto O, donde ambos arcos se cruzan.

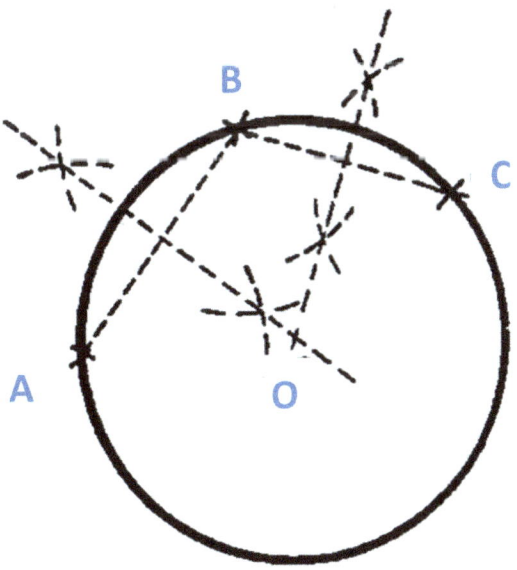

43

Ejercicio 54. Halla el centro de un arco cualquiera AB.

1. Seleccionar tres puntos arbitrarios A, B y C a lo largo del arco (se recomienda que estén lo más distantes posible).

2. Une A con C y C con B.

3. Dibuja las mediatrices de los segmentos AC y CB, las cuales se intersectarán en el punto O, que es el centro del arco AB.

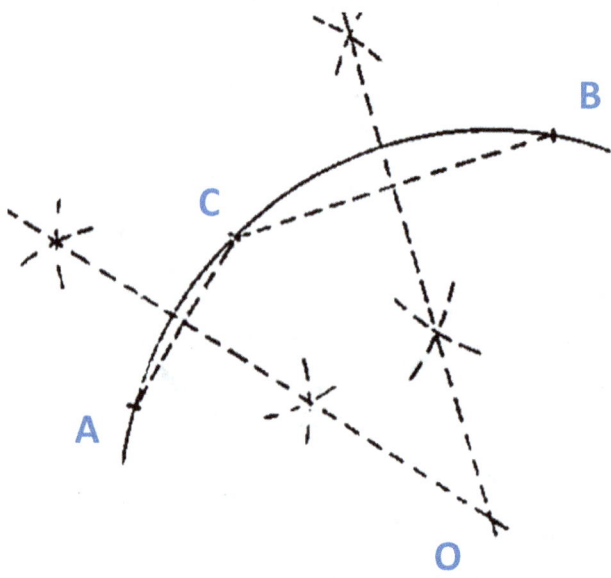

Ejercicio 55. Divide la circunferencia en un número de partes iguales.

1. Comienza trazando el diámetro AB y Dividelo en el número deseado de partes para Divide la circunferencia.

2. Usando AB como radio, dibuja un arco desde el punto B, llamado AP.

3. Repetir esta misma operación desde el punto A, de modo que los arcos se crucen en el punto P.

4. Une el punto P con la segunda división marcada sobre el diámetro y Prolonga esta línea hasta que se encuentre con la circunferencia en el punto S.

El arco AS representará una de las partes iguales en que se ha dividido la circunferencia, en este caso, la novena parte.

Este procedimiento se puede aplicar para Construye polígonos regulares con cualquier número de lados.

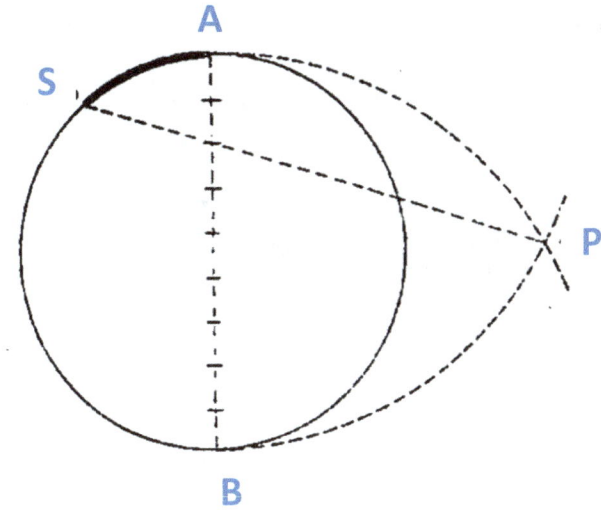

16. POLIGONOS

Un polígono es una figura geométrica plana y cerrada que está formada por una secuencia de segmentos de línea recta llamados lados. Estos lados se conectan en vértices, y la figura resultante no tiene ningún segmento de línea cruzando en su interior. En otras palabras, un polígono es una forma bidimensional que consta de varios lados que se unen en sus extremos para formar una figura cerrada.

Las características clave de un polígono son:

- Lados: Los lados de un polígono son segmentos de línea que conectan dos vértices consecutivos. Cada polígono tiene al menos tres lados.
- Vértices: Los vértices son los puntos donde se encuentran los extremos de los lados del polígono.
- Ángulos: En los vértices de un polígono, se forman ángulos entre los lados adyacentes. La medida de estos ángulos depende del número de lados y la simetría del polígono.
- Figura Cerrada: Un polígono es una figura cerrada, lo que significa que todos los lados están conectados de manera continua, y no hay segmentos de línea que crucen por el interior de la figura.

Los polígonos se clasifican según el número de lados que tienen, y algunos de los polígonos más comunes incluyen triángulos (3 lados), cuadriláteros (4 lados), pentágonos (5 lados), hexágonos (6 lados) y así sucesivamente. Los polígonos tienen muchas aplicaciones en geometría y matemáticas, y sus propiedades y características se estudian en profundidad en estas disciplinas.

TIPOS DE POLÍGONOS REGULARES:

Todos tienen ángulos y lados iguales. Según sus lados:

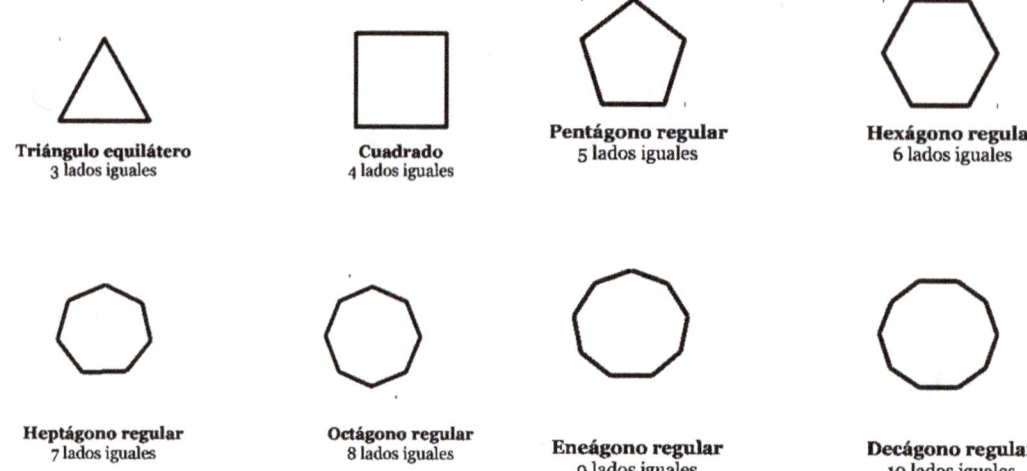

Triángulo equilátero
3 lados iguales

Cuadrado
4 lados iguales

Pentágono regular
5 lados iguales

Hexágono regular
6 lados iguales

Heptágono regular
7 lados iguales

Octágono regular
8 lados iguales

Eneágono regular
9 lados iguales

Decágono regular
10 lados iguales

Ejercicio 56. Construye un cuadrado y un octógono regular inscritos en una circunferencia.

1. Traza una circunferencia y dos diámetros perpendiculares entre sí, denominados AB y CD.
2. Une los puntos C con B y D con A, formando así el cuadrado requerido.
3. Para Construye un octágono regular, simplemente Traza las mediatrices de los lados del cuadrado. Estas mediatrices cortarán la circunferencia en los puntos E, F, G y H, que son los vértices del octágono.
4. Une los puntos A, F, D, G, B, H, C, E y A entre sí, y de esta manera, se habrá construido el octágono regular.

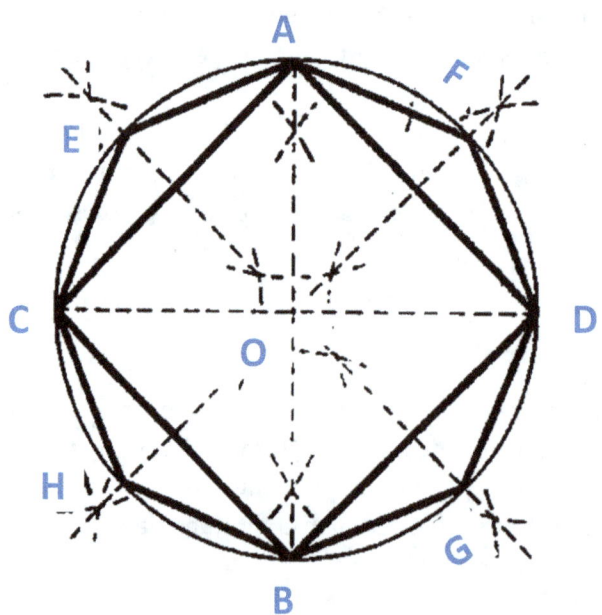

Ejercicio 57. Construye un hexágono regular, un triángulo equilátero y un dodecágono regular, inscritos en una circunferencia.

1. Traza una circunferencia. Elegir un punto arbitrario A en la circunferencia y, desde ese punto, Lleva la longitud del radio, obteniendo los puntos B, C, D, E y F.

2. Une estos puntos para formar un hexágono regular inscrito, donde cada lado es igual al radio de la circunferencia.

3. Para obtener un triángulo equilátero inscrito, simplemente Une los vértices del hexágono de dos en dos.

4. Para Construye un polígono inscrito de doce lados, Traza las mediatrices de cada uno de los lados del hexágono previamente trazado.

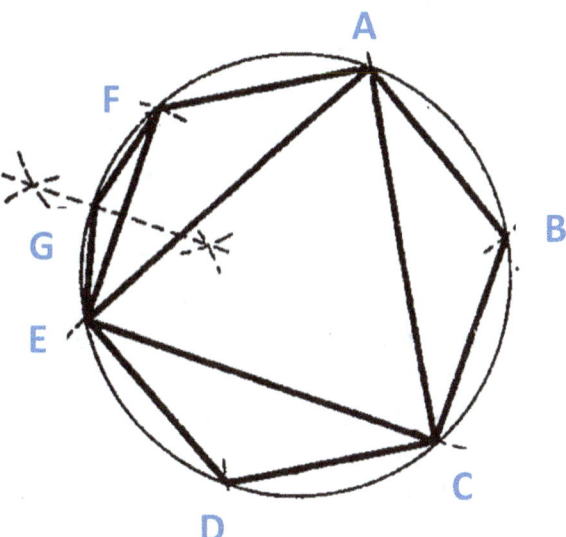

Ejercicio 58. Construye el pentágono y el decágono regular inscritos en una circunferencia.

1. Traza una circunferencia y dibuja dos diámetros, AB y CD, perpendiculares entre sí.

2. Divide el radio OD en dos partes Iguales.

3. Usar el punto medio, llamado M, como centro y Traza un arco con radio MA, obteniendo el punto E.

4. Une los puntos A y E. El segmento AE será el lado de un pentágono regular inscrito, mientras que EO representará la longitud del lado de un decágono.

5. Transporta estas longitudes desde el punto A hasta la circunferencia, y de esta manera, obtendremos la solución del problema.

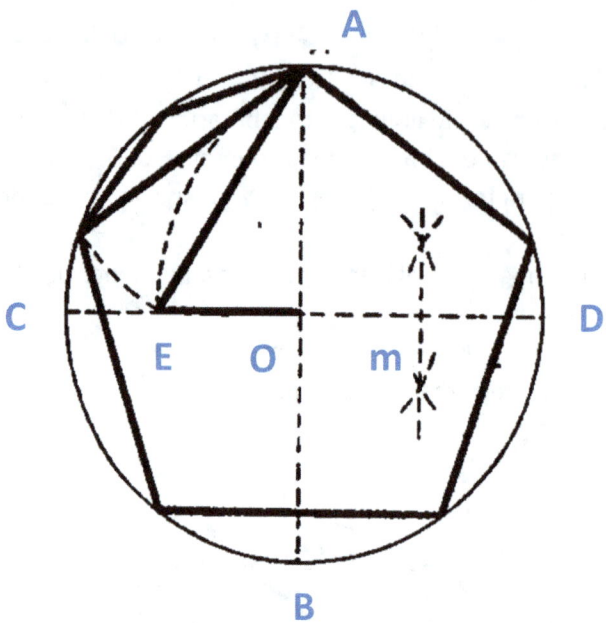

Ejercicio 59. Construye el heptágono regular inscrito en una circunferencia.

1. Traza una circunferencia y dibuja su diámetro AB.
2. Desde el punto B como centro, Traza un arco con radio BO y marcar los puntos M y N en la circunferencia.
3. Une los puntos M y N. El segmento MS representará uno de los lados del heptágono deseado, mientras que el segmento MN corresponde al lado del triángulo equilátero inscrito, cuya longitud es el doble que la del heptágono.
4. Lleva la longitud de MS hasta la circunferencia y utilizar esto para Construye el polígono requerido.

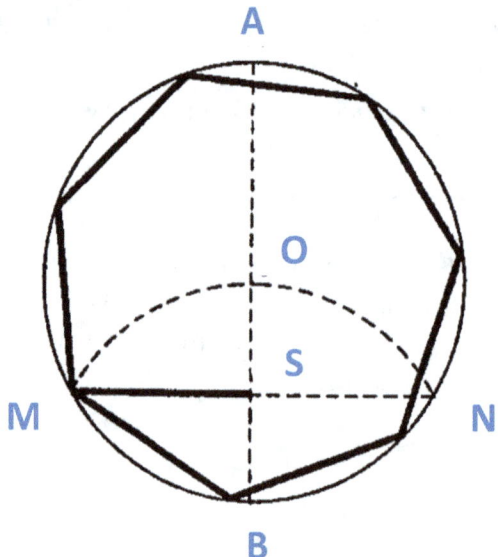

Ejercicio 60. Construye un hexágono regular conociendo el lado l.

1. Utilizando A y B como centros, Traza dos arcos con un radio igual a la longitud de un lado, de manera que se corten en el punto O.
2. Traza las semirrectas AO y BO, y extenderlas.
3. Tomando O como centro y utilizando el mismo radio que el lado, Traza arcos que se corten en C y F, y extender las semirrectas para obtener los puntos D y E.
4. Une los puntos A, F, E, D, C y B, y de esta manera se Resuelveá el problema.

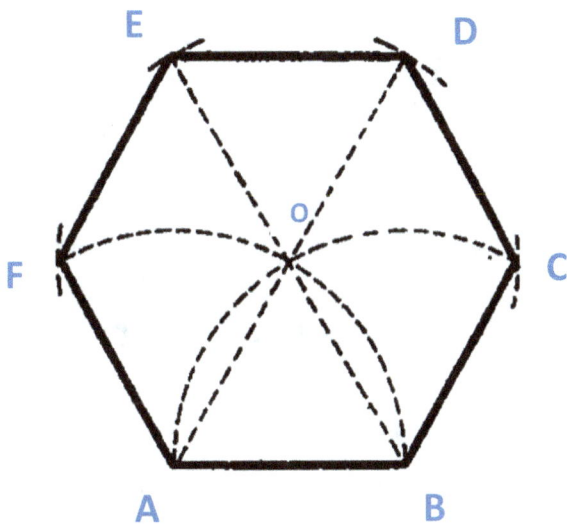

Ejercicio 61. Dado el lado l Construye un pentágono regular.

1. En el extremo B del lado, Traza una perpendicular BN con una longitud igual al lado conocido.
2. Desde el punto M, que es el punto medio de AB, y con un radio igual a MN, describir el arco NS.
3. Desde A, utilizando el radio AS, Traza el arco SD. Este arco cortará la prolongación del arco AN trazado anteriormente en el punto C, que será el tercer vértice del pentágono.
4. Con centro en C, y utilizando un radio igual a la longitud del lado, determinar el vértice D. También es posible encontrarlo prolongando la mediatriz de AB.
5. Toma A y D como centros, y con un radio igual a la longitud del lado, determinar el quinto vértice E del pentágono regular.
6. Une los vértices encontrados entre sí, y de esta manera, se habrá resuelto el problema.

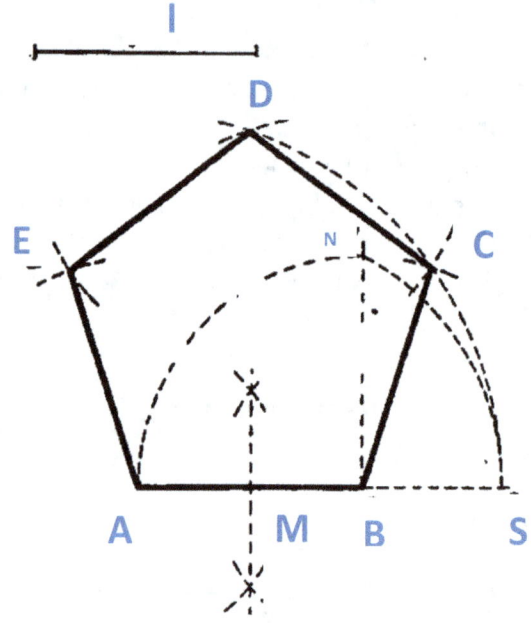

17. RECTAS TANGENTES A CIRCUNFERENCIAS

Las rectas tangentes a una circunferencia son segmentos de línea recta que tocan la circunferencia en un solo punto, sin cruzarla ni cortarla. Estas rectas tienen una característica importante: forman un ángulo de 90 grados (ángulo recto) con el radio que se extiende desde el centro de la circunferencia hasta el punto de tangencia (el punto donde la recta toca la circunferencia).

Algunos puntos clave sobre las rectas tangentes a una circunferencia son:

- Punto de Tangencia: El punto donde una recta tangente toca la circunferencia se llama punto de tangencia. En este punto, la recta es perpendicular al radio que conecta el centro de la circunferencia con el punto de tangencia. La recta tangente a una circunferencia es perpendicular al radio en el punto de tangencia.
- Ángulo Recto: La relación más importante entre las rectas tangentes y la circunferencia es que forman un ángulo recto con el radio que parte del centro de la circunferencia hacia el punto de tangencia. Esto significa que el ángulo entre la recta tangente y el radio es de 90 grados.
- Dos Tangentes: Por cada punto en la circunferencia, hay exactamente dos rectas tangentes posibles que pueden tocarse en ese punto. Estas dos tangentes son simétricas con respecto al radio que conecta el centro de la circunferencia con el punto de tangencia.

Tipos de tangencias:

Rectas tangentes a una circunferencia:

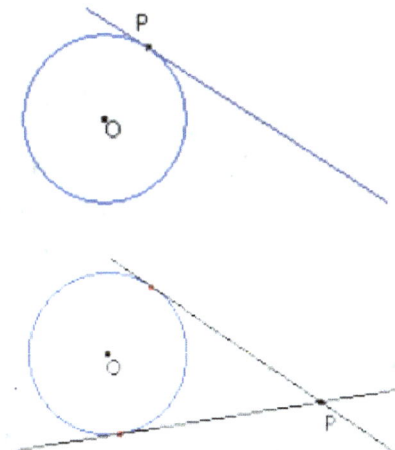

Rectas tangentes a dos circunferencias:

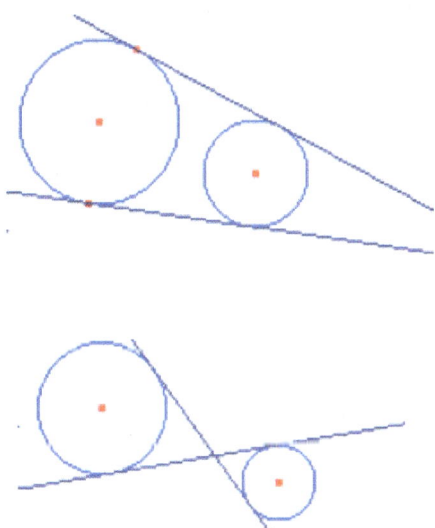

Circunferencias tangentes a tres rectas secantes dos a dos:

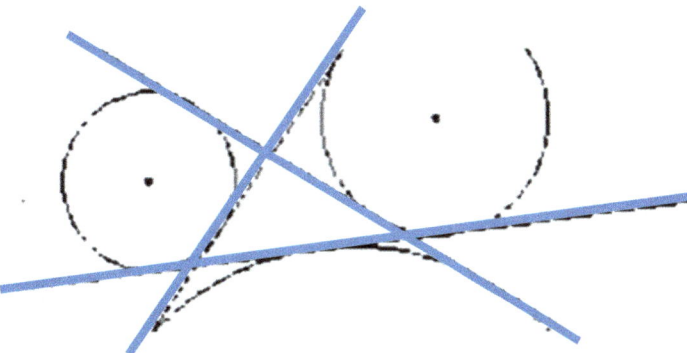

Las rectas tangentes a una circunferencia tienen aplicaciones en geometría, trigonometría y física, especialmente cuando se trata de describir la dirección en la que un objeto se mueve o toca una circunferencia, como una rueda giratoria. También se utilizan en cálculos relacionados con la construcción y el diseño de objetos y estructuras que involucran circunferencias, como ruedas de vehículos y engranajes.

Ejercicio 62. Traza la tangente a una circunferencia por un punto P.

1. Traza una línea desde el punto O al punto P al extender el radio OP.
2. Elegir dos puntos, m y n, que se encuentren a la misma distancia de P.
3. Dibuja una línea perpendicular a mn en su punto medio. Esta línea perpendicular, denominada AB, será la tangente requerida.

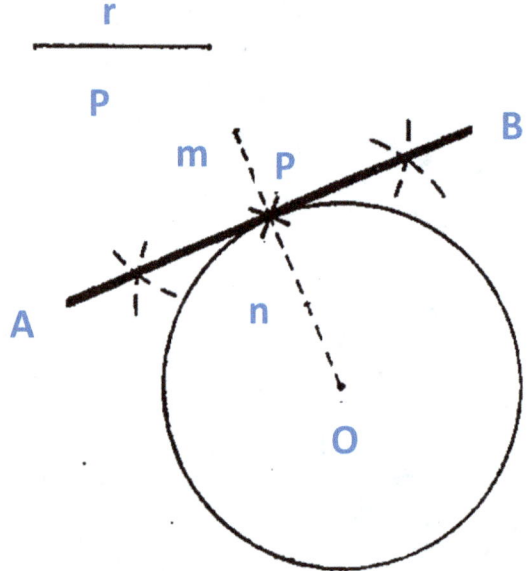

Ejercicio 63. Dada una circunferencia de radio r y un punto P exterior a ella, Traza desde este punto dos tangentes a dicha circunferencia.

1. Une los puntos P y O, luego Traza la línea mediana del segmento PO.
2. Desde el punto S, Traza una circunferencia que intersectará la circunferencia dada en los puntos m y n, que serán los puntos de tangencia.
3. Une los puntos P y m, así como los puntos P y n, y de esta manera habrás resuelto el problema.

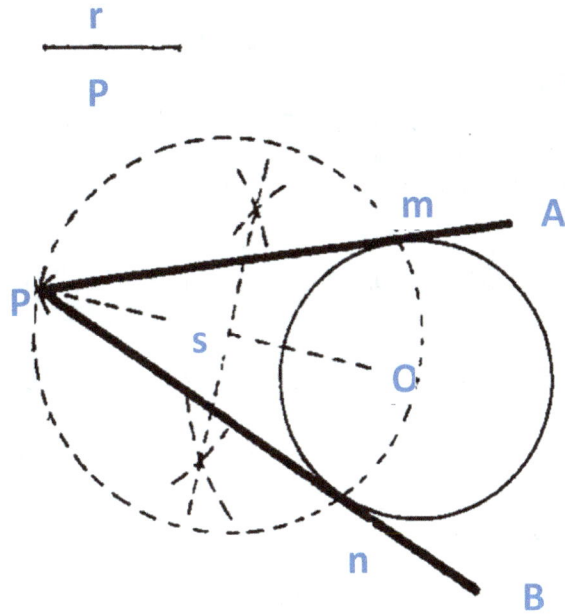

Ejercicio 64. Dada una circunferencia de radio r y una recta cualquiera AB, traza una tangente a la circunferencia, que sea paralela a la recta dada AB.

1. Desde O, el centro de la circunferencia, se dibuja un arco que intersecta la recta en los puntos m y n.
2. Dibuja una línea perpendicular al segmento mn en su punto medio, que cortará la circunferencia en el punto T.
3. Marcar dos puntos, f y e, que estén a la misma distancia de T, y Traza una línea perpendicular a fe en su punto medio. Esta línea perpendicular será la tangente requerida.

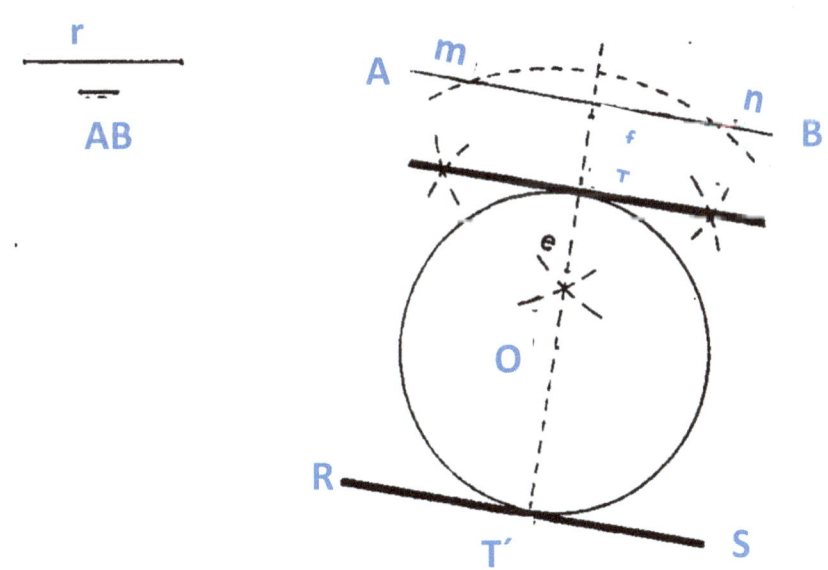

Ejercicio 65. Dadas dos circunferencias de radios r y r', Traza las tangentes exteriores a las mismas.

Dibuja la línea que conecta los centros O y O' y Traza su línea mediana.

Dibuja una circunferencia auxiliar con centro en O y un radio igual a la diferencia entre los radios de las circunferencias dadas.

Desde el punto m, con un radio igual a Om, Traza una circunferencia que cortará a la circunferencia anterior en los puntos s y t.

Une O con los puntos s y t, extendiendo estos radios hasta que se encuentren con la circunferencia en los puntos T y V.

Desde O', Traza la línea OT' paralela a OT, y OV', paralela a OV.

Une los puntos T y T', así como los puntos V y V', y de esta manera habrás resuelto el problema.

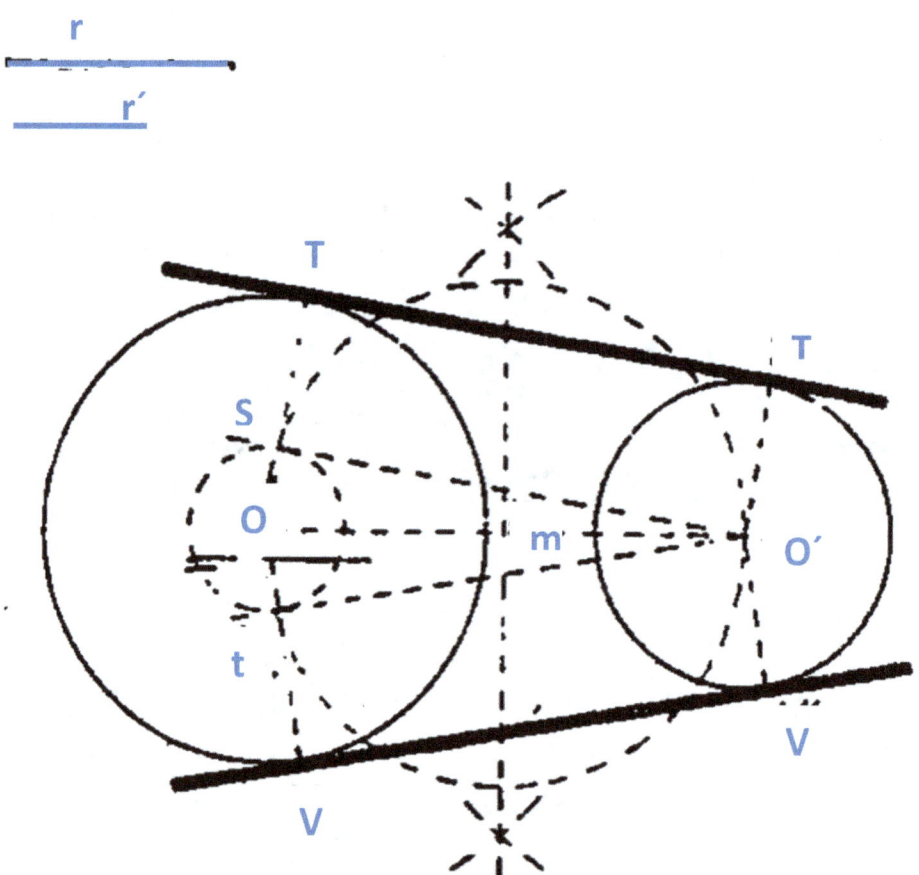

54

Ejercicio 66. Dadas dos circunferencias de radios r y r', Traza las tangentes interiores a las mismas.

1. Une los puntos O y O', luego Traza la línea mediana de la línea 00' y dibuja una circunferencia auxiliar con un diámetro igual a 00'.
2. Dibuja una circunferencia desde el punto O, con un radio igual a r + r', la cual cortará a la circunferencia anterior en los puntos m y n.
3. Une O' con m y n, trazando los radios 0m y 0n.
4. Traza la línea O'V' paralela a 0m, y la línea O'V paralela a 0n.
5. Une los puntos S y V' para obtener una de las tangentes. La otra tangente se determinará al Une los puntos V y T.

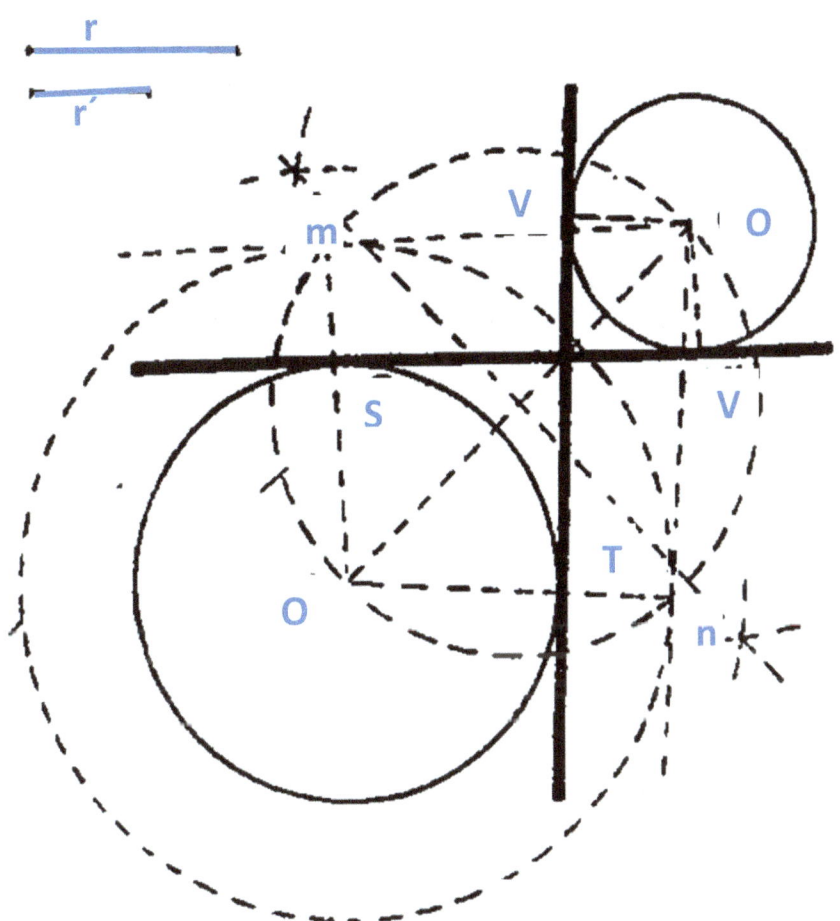

18. CIRCUNFERENCIAS TANGENTES A RECTAS

Circunferencias tangentes a rectas son circunferencias que tocan (o son tangentes a) una recta en un solo punto. Estas circunferencias tienen una característica importante: la distancia desde el centro de la circunferencia hasta la recta es igual en todos los puntos de tangencia. Esto significa que la circunferencia es perpendicular a la recta en su punto de tangencia, y el radio que parte desde el centro de la circunferencia hacia el punto de tangencia es perpendicular a la recta en ese punto.

Algunos puntos clave sobre circunferencias tangentes a rectas son:

- Punto de Tangencia: El punto donde la circunferencia toca la recta se llama punto de tangencia. En este punto, la recta es perpendicular al radio que parte del centro de la circunferencia hacia la recta.
- Distancia Constante: La distancia desde el centro de la circunferencia hasta la recta es constante en todos los puntos de tangencia. Esta distancia se llama radio de la circunferencia.
- Ángulo Recto: La relación más importante entre las circunferencias tangentes y las rectas es que forman un ángulo recto (90 grados) en el punto de tangencia. Esto significa que el radio de la circunferencia en ese punto es perpendicular a la recta.

Ejercicio 67. Traza una circunferencia de radio "r" tangente a los lados de un ángulo dado ABC.

1. Desde un punto arbitrario en la recta AB, dibuja una línea perpendicular AH de longitud r.
2. Traza la bisectriz del ángulo dado.
3. Traza una línea paralela a AB desde H, la cual intersectará la bisectriz en el punto O. Este punto O será el centro de la circunferencia requerida.

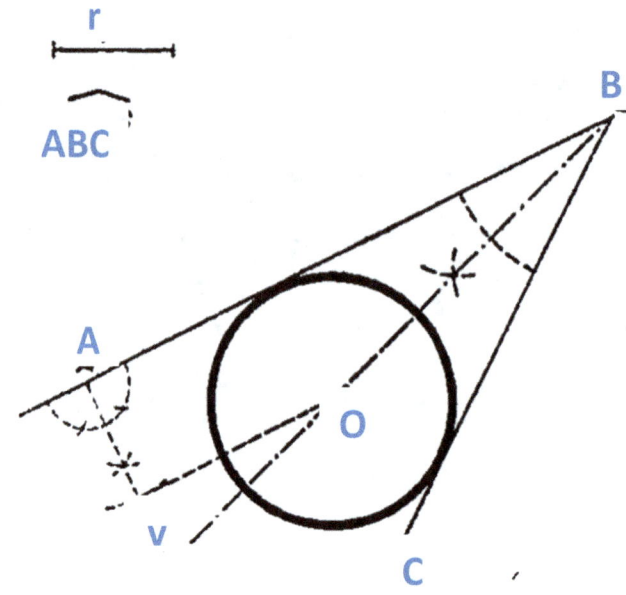

Ejercicio 68. Dadas tres rectas AB, CD y EF, que se cortan, Traza una circunferencia tangente a ellas.

1. Dibuja las bisectrices de los ángulos formados por las rectas.
2. El centro de la circunferencia buscada será el punto donde se cruzan las bisectrices.

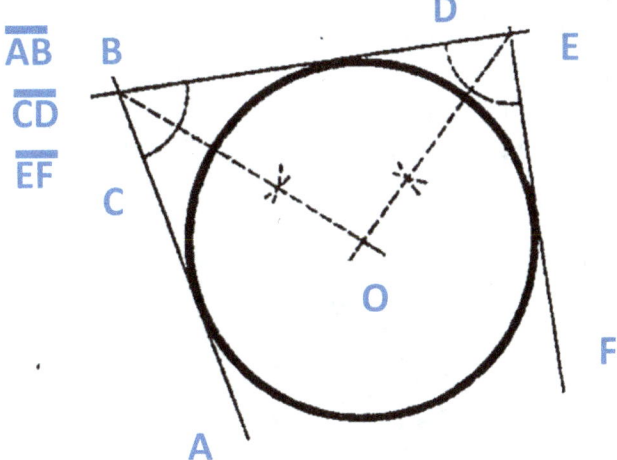

Ejercicio 69. Traza una circunferencia tangente a los lados de un triángulo ABC.

1. Dibuja las bisectrices de los ángulos A, B y C.
2. Estas bisectrices se intersectan en un punto O, que es el centro de la circunferencia, resolviendo así el problema. No es necesario Traza las tres bisectrices, ya que con dos de ellas se determina el centro, ya que las bisectrices de un triángulo se cruzan en un único punto.

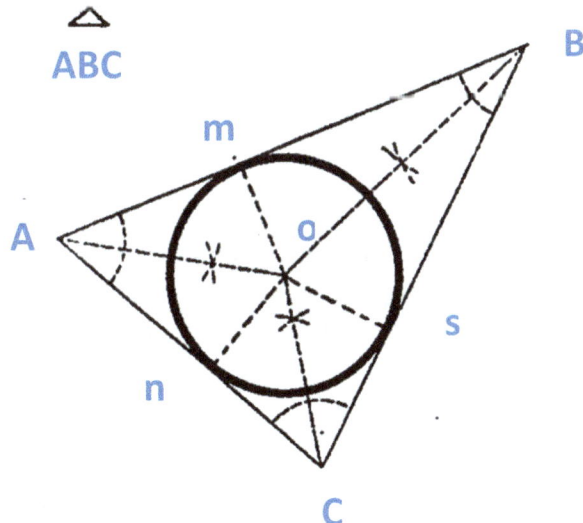

Ejercicio 70. Dado un pentágono regular, Traza cinco circunferencias tangentes a sus lados interiormente y tangentes entre sí.

1. Une el centro del pentágono con cada uno de los vértices A, B, C, D y E del mismo.
2. Dibuja una línea OP perpendicular a AB.
3. Traza la bisectriz del ángulo recto OPA, la cual intersectará el segmento OA en el punto 1.
4. Dibuja una circunferencia auxiliar con radio 01.
5. Esta circunferencia auxiliar cortará en los puntos 2, 3, 4, etc., a los radios del pentágono regular OE, OD, OC, etc.
6. Traza el segmento IN perpendicular al lado AB, el cual será el radio de las circunferencias solicitadas, y sus centros serán los puntos 1, 2, 3, 4, 5, etc.

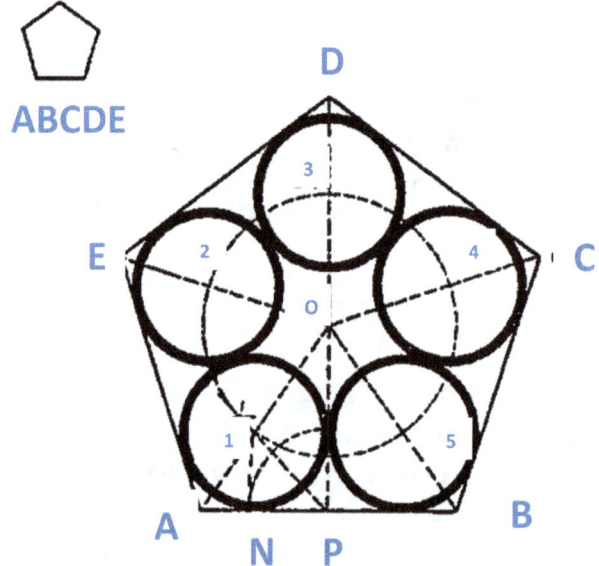

Ejercicio 71. Conocida una circunferencia de radio r y una recta AB, Traza una circunferencia de radio R, tangente a la circunferencia y a la recta dada.

1. Dibuja una línea paralela a la recta AB a una distancia igual al radio r'.
2. Desde O, Traza un arco con un radio igual a la suma de r y r'.
3. Este arco cortará la línea paralela trazada previamente en el punto 01. El punto 01 es el centro de la circunferencia requerida.

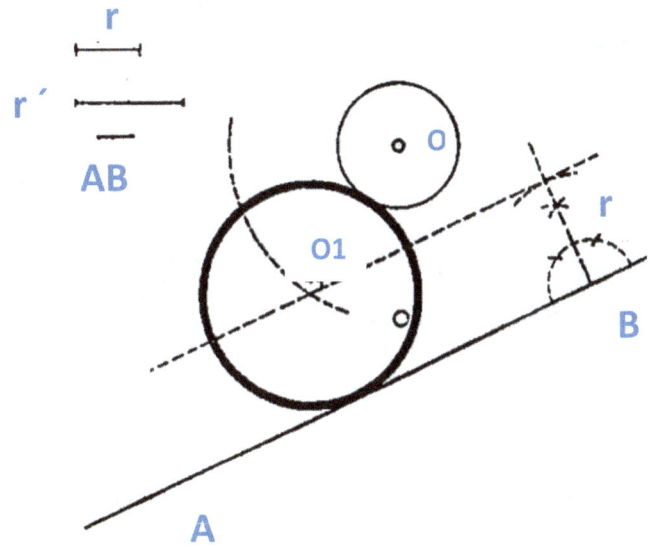

Ejercicio 72. Dadas dos rectas convergentes AB y CD, Traza circunferencias tangentes entre sí y a las rectas.

1. Dibuja dos líneas paralelas a AB y CD, separadas a la misma distancia, y determinar la bisectriz del ángulo formado por ellas.
2. Desde O", con un radio igual a O'D, Traza una circunferencia.
3. Desde el punto S, Traza una línea perpendicular a la bisectriz.
4. Dibuja la bisectriz del ángulo formado por las líneas Sft', la cual cortará en O' a la bisectriz de las líneas dadas.
5. Con centro en O' y un radio igual a O'S, Traza una circunferencia que sea tangente a las líneas dadas y a la previamente trazada.
6. Desde el punto R, dibuja una línea perpendicular a la bisectriz.
7. Traza la bisectriz del ángulo formado por las líneas ReC, la cual cortará a la bisectriz de las líneas dadas en el punto O, que será el tercer centro de otra circunferencia tangente, resolviendo así el problema.
8. Utilizar el radio Ot para dibuja la tercera circunferencia.
9. De esta manera, podemos continuar trazando circunferencias tangentes.

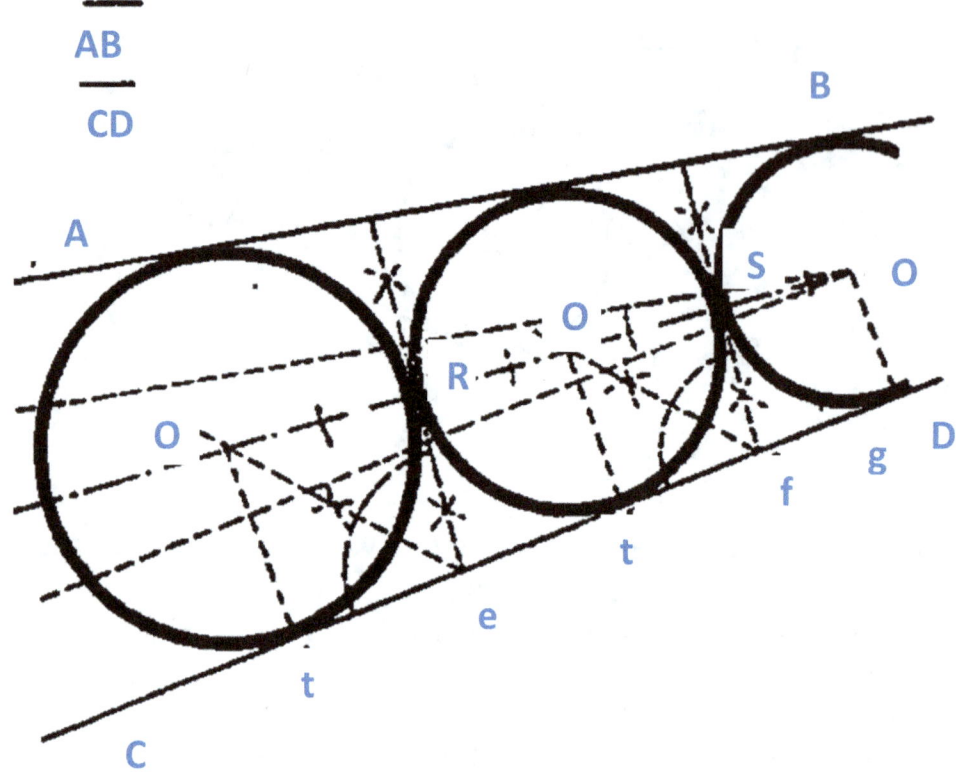

19. CIRCUNFERENCIAS TANGENTES ENTRE SI

Circunferencias tangentes entre sí son dos o más circunferencias que tocan (o son tangentes a) unas a otras en un punto o en múltiples puntos, de manera que comparten un punto de tangencia o una línea común de tangencia. En otras palabras, las circunferencias tangentes entre sí se tocan sin superponerse ni cruzarse.

Algunos puntos clave sobre las circunferencias tangentes entre sí son:

- Puntos de Tangencia: Cuando dos circunferencias son tangentes entre sí, comparten uno o más puntos de tangencia, que son puntos donde las circunferencias tocan sin cruzarse.
- Línea de Tangencia: En el caso de dos circunferencias tangentes, también se forma una línea de tangencia que es común a ambas circunferencias. Esta línea pasa por los puntos de tangencia y es perpendicular al radio que conecta el centro de cada circunferencia con el punto de tangencia.
- Distancia entre Centros: La distancia entre los centros de las circunferencias tangentes es igual al sumar los radios de ambas circunferencias. Esta propiedad es útil en la geometría de circunferencias tangentes.

- Número de Circunferencias: Pueden existir configuraciones con más de dos circunferencias tangentes entre sí, y en esos casos, se deben cumplir condiciones específicas para que las circunferencias toquen adecuadamente.

Si dos circunferencias son tangentes entre si, el punto de tangencia está en la recta que une sus centros.

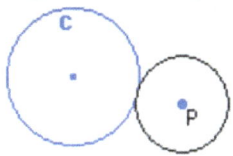 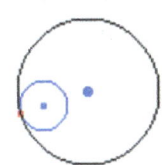 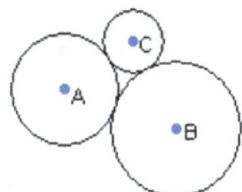 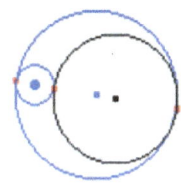

Ejercicio 73. Traza tres circunferencias tangentes entre sí, de radios conocidos, r1, r2, y r3,

1. Dibuja una circunferencia con centro en B y radio r2, luego Traza el segmento BC de longitud r2 + r3.
2. Desde C, Traza una circunferencia con radio r3, que sea tangente a la primera circunferencia.
3. Desde B, dibuja un arco con una abertura igual a r2 + r3, y desde C, otro arco con radio r3 + r1. La intersección de estos arcos nos dará el punto A, que será el centro de la tercera circunferencia.

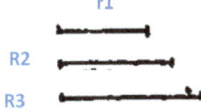

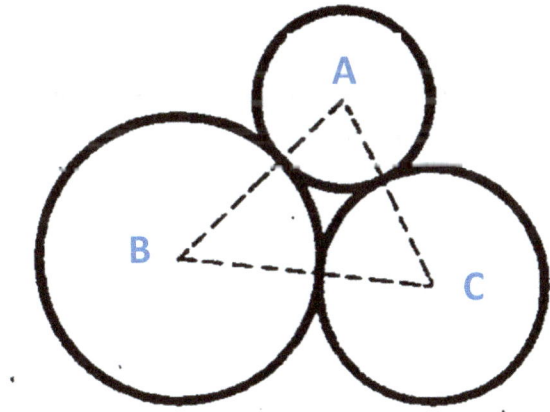

Ejercicio 74. Dados tres puntos A, B y C, Traza circunferencias tangentes entre sí que tengan por centros esos puntos.

1. Une todos los puntos entre sí.
2. Traza las bisectrices de los ángulos A y B, las cuales se intersectarán en el punto O.
3. Desde O, Traza la línea OM perpendicular a AB. Del mismo modo, desde el punto O, dibuja ON perpendiculares al segmento BC.
4. Los puntos M, N y S serán puntos de tangencia; por lo tanto, los radios correspondientes de las circunferencias requeridas quedan determinados.

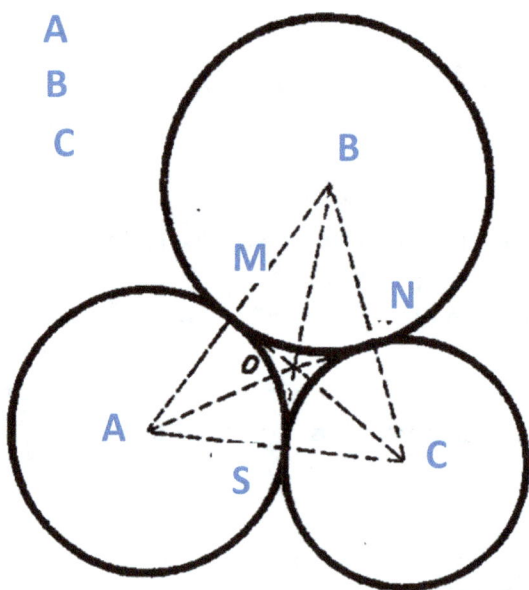

Ejercicio 75. Inscribir a una circunferencia dada, ocho circunferencias iguales tangentes entre sí.

1. Divide la circunferencia en ocho partes iguales y Traza los diámetros correspondientes.
2. Une el centro de la circunferencia con el punto medio del arco 1-2 y dibuja una tangente desde el punto 1, la cual cortará la prolongación de esa línea en el punto A.
3. Traza la bisectriz del ángulo IAO, la cual cortará el radio 1-0 en el punto O'.
4. Dibuja una circunferencia con radio 0-01, la cual determinará los puntos 02, 03 y 04, que son los centros de las circunferencias requeridas.

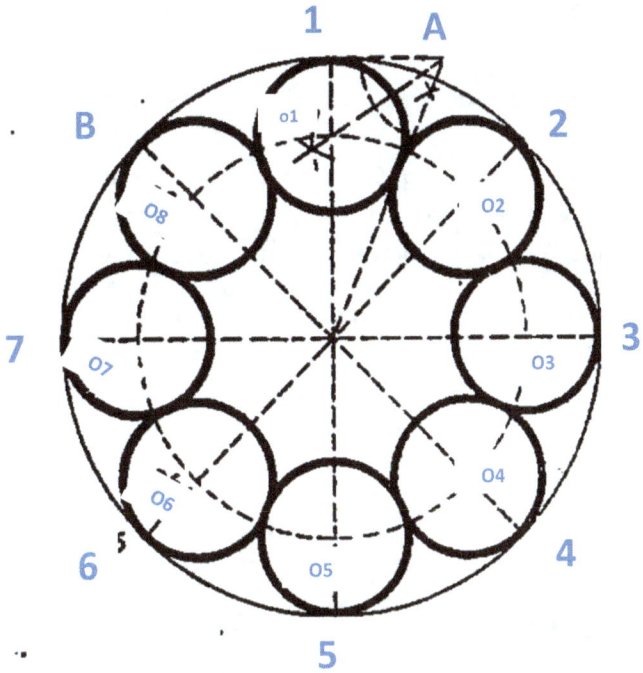

Ejercicio 76. Dadas tres circunferencias de igual radio, y cuyos centros no están en línea recta, dibuja dos circunferencias tangentes concéntricas: una interior y la otra exterior.

1. Une los centros O1, O2 y O3.
2. Dibuja las mediatrices de los segmentos 01-03 y 02-03, las cuales se cortarán en el punto O.
3. Une el punto O con el punto 01 para obtener el segmento OO1, que al Prolongase determinará el punto M.
4. OM será el radio de la circunferencia exterior, y ON será el radio de la circunferencia interior.

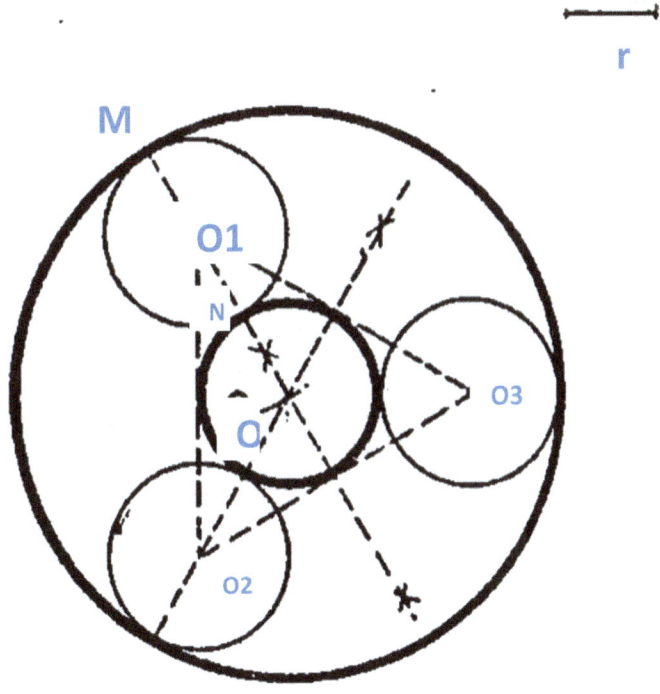

Ejercicio 77. Traza dos circunferencias tangentes a otras dos de radios r y r', situadas a distancia conocida.

1. Suponiendo que EE1 es la distancia entre los centros, Toma E1A' igual al radio EA y A'B igual a AB'.
2. Con centro en E, Traza el arco OA'O', y con centro en E1, dibuja el arco OB'O'.
3. Une los puntos O y E, y extender OE hasta determinar el punto T3. Del mismo modo, Une O' y E1, prolongando O'E1 hasta obtener el punto de tangencia T1.

El punto O' es el centro de la circunferencia que es tangente en T2 a las dadas, y el punto O es el centro de otra circunferencia que es solución y es tangente en T3 y T1 a las dadas.

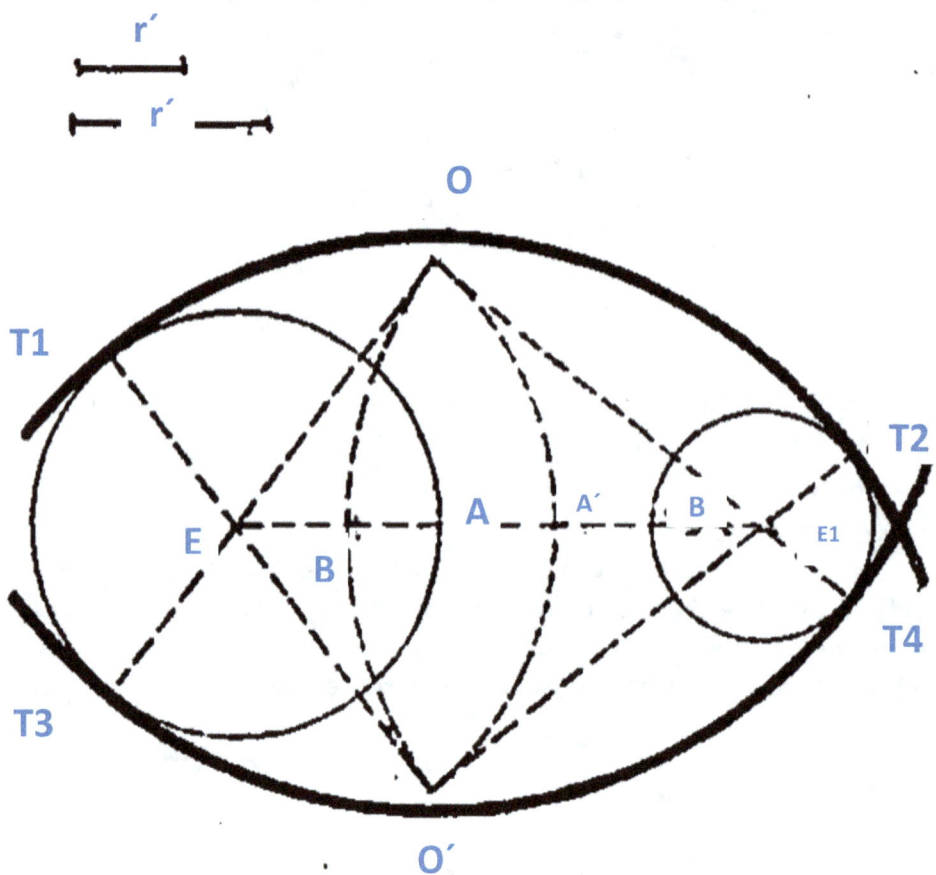

Ejercicio 78. Resuelve el problema, anterior por otro procedimiento.

1. Une los puntos E y E' y Traza las circunferencias.
2. Extender el radio EA más allá del punto A para marcar el punto A', y hacia la izquierda de B para determinar B'.
3. Desde E, dibuja la curva OA'Oi, y desde E' la curva OB'01. Los puntos O y O1 son los centros de las circunferencias requeridas.

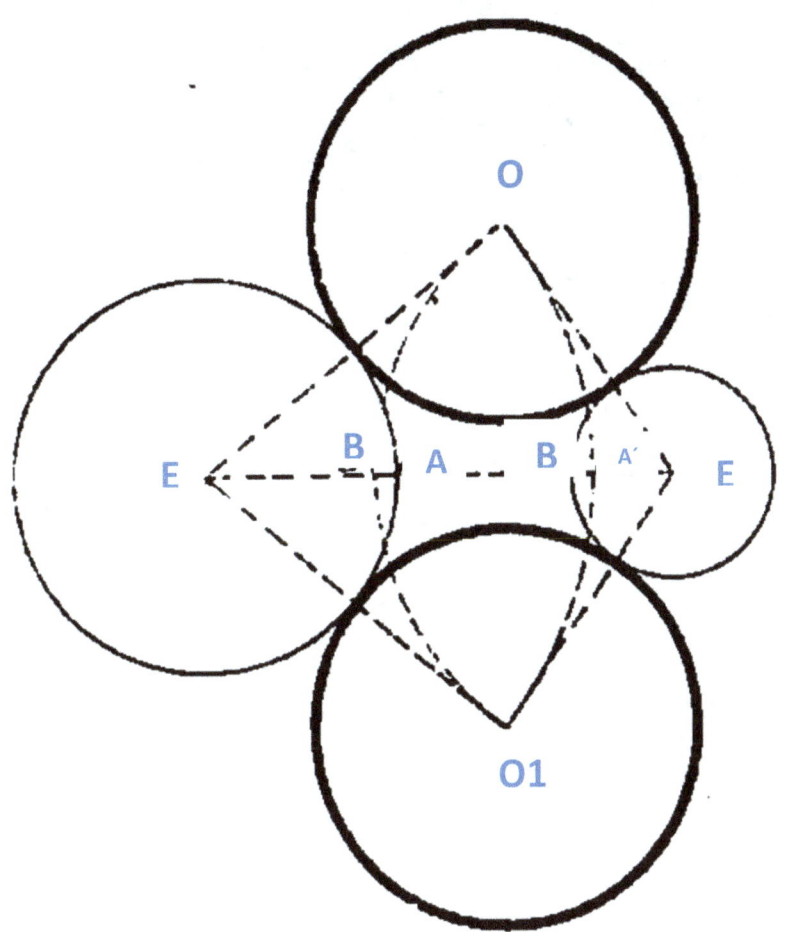

EJE RADICAL:

Se denomina eje radical de dos circunferencias al lugar geométrico de los puntos del plano que tienen la misma potencia con respecto a ambas circunferencias.

MA·MB=MC·MD.

El eje radical será siempre perpendicular a la recta que une los centros de ambas circunferencias.

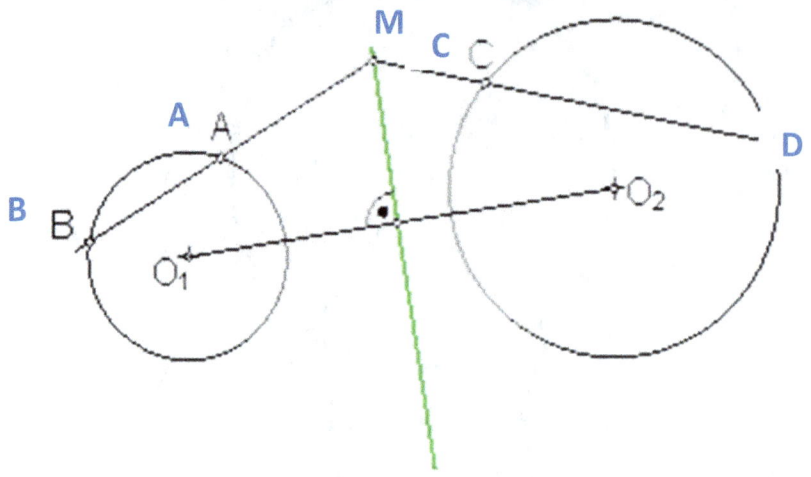

Eje radical de dos circunferencias tangentes.

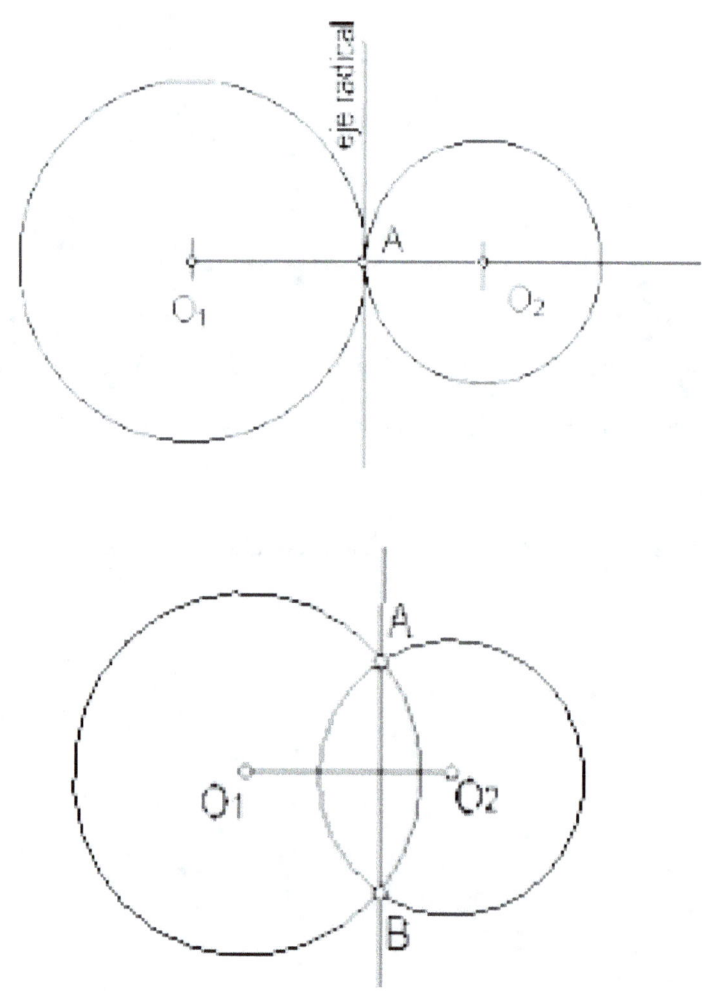

20. ENLACES DE RECTAS Y CURVAS

Los enlaces de rectas y curvas se refieren a la interacción o la conexión entre segmentos de línea recta y segmentos de curva en un contexto geométrico o de diseño. Esto puede aplicarse en una variedad de campos, como geometría, diseño gráfico, arquitectura y más.

Las rectas son segmentos de línea que no tienen curvatura, mientras que las curvas son segmentos de línea que tienen una forma curvada o arqueada. Los enlaces entre rectas y curvas se producen cuando estos dos tipos de segmentos se conectan o se combinan en un diseño o una representación.

Dadas dos rectas AB y CD, que se cortan, Enlaza- las mediante un arco de radio r.

1. Desde el punto P de intersección, marcar dos puntos M y N, separados de P por una distancia igual al radio.
2. Desde N, Traza una línea paralela a AB, y desde M, una línea paralela a CD.

Estas líneas paralelas se intersectarán en O, que es el centro del arco MN buscado.

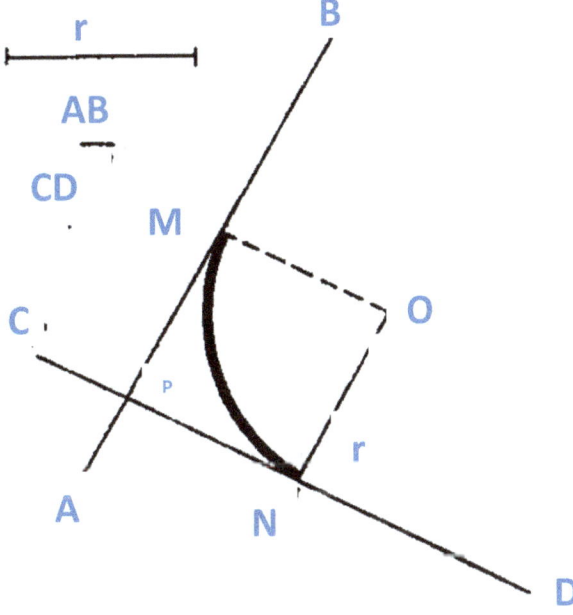

Ejercicio 79. Resuelve el problema anterior de otra forma

1. Traza la bisectriz del ángulo formado por las rectas CD y AB.
2. Desde un punto cualquiera E, dibuja una línea perpendicular a AB con una longitud igual al radio.
3. Desde F, Traza una línea paralela a AB, la cual cortará la bisectriz en el punto O, que es el centro del arco buscado.

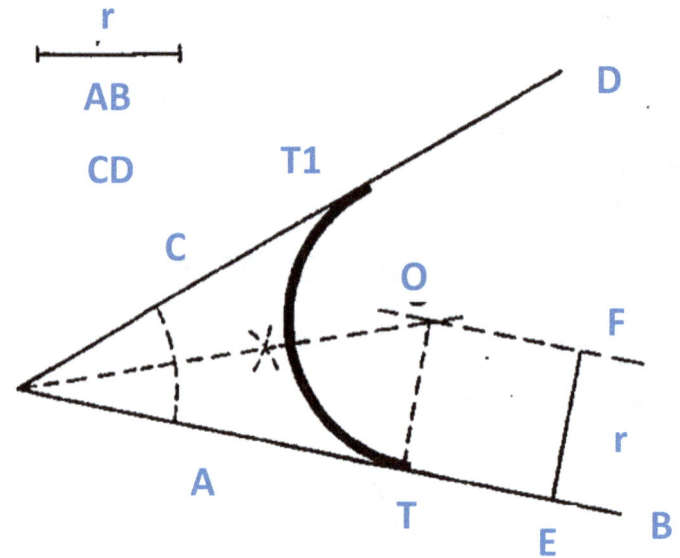

Ejercicio 80. Enlaza los puntos de origen A y C de dos semi- rectas paralelas de distinto sentido, por medio de dos arcos de igual radio.

1. Une los puntos A y C para Divide el segmento AC en cuatro partes iguales.
2. Desde el punto A, Traza una línea perpendicular a BA, que cortará en el punto O a una de las mediatrices trazadas anteriormente.
3. Desde el punto C, Traza una línea perpendicular a CD, que cortará en O1 a otra de las mediatrices.
4. Desde O, con un radio igual a OA, describir el arco AE, y desde O1, con un radio igual a OC, Traza el arco EC.

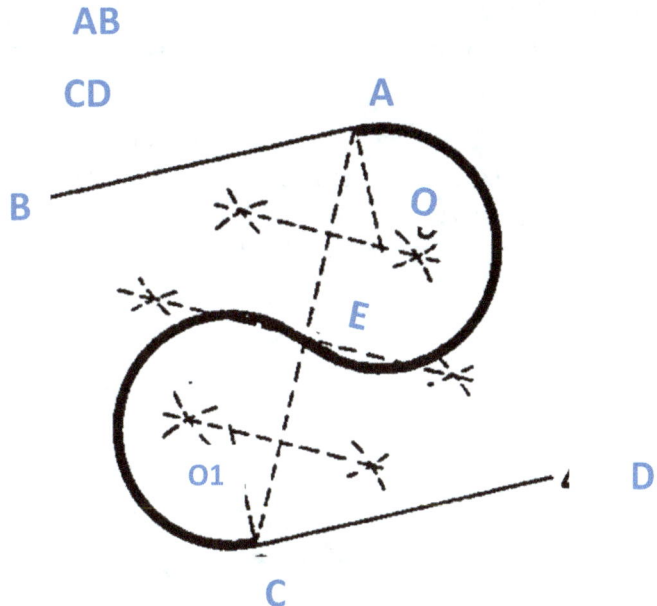

Ejercicio 81. Enlaza una Circunferencia C con una recta AB, mediante un arco de radio

1. Desde un punto arbitrario en la recta AB, Traza una línea perpendicular BE y extenderla para que tenga una longitud igual a r.
2. Desde E, Traza una línea paralela a AB.
3. Desde el centro de la circunferencia, dibuja un arco con un radio igual al de la circunferencia más el radio r. Este arco cortará a la línea paralela trazada desde E en el punto O1, que es el centro del arco buscado.

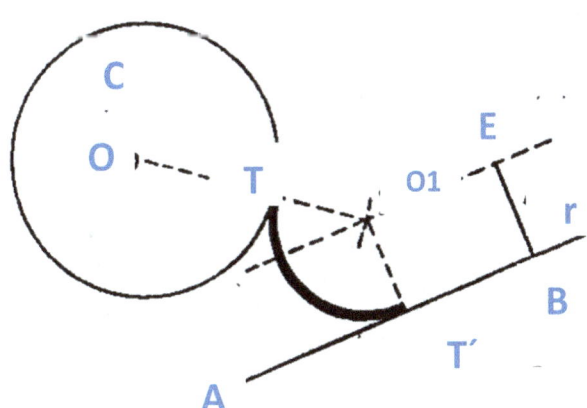

Ejercicio 82. Dados una recta AB, un punto N situado en ella y un punto exteri01· M, Traza un arco que pase por M y sea tangente a la recta dada en el punto N.

1. Une los puntos N y M y dibuja la mediatriz del segmento MN.
2. Traza una línea perpendicular a AB desde el punto N, la cual cortará a la mediatriz en el punto O, que es el centro del arco buscado.

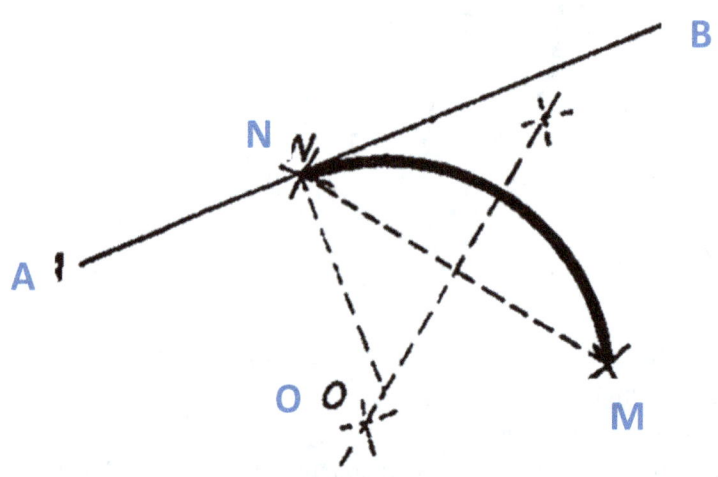

Ejercicio 83. Dados varios puntos A, B, C y D, enlázalos mediante una curva.

1. Une todos los puntos entre sí.
2. Traza la mediatriz del segmento AB, la cual cortará en el punto 1 a la prolongación de OA.
3. Traza la mediatriz de BC, que cortará en el punto 2 a la prolongación de B1, y así sucesivamente.
4. Los puntos 1, 2, 3 son los centros de los arcos requeridos.

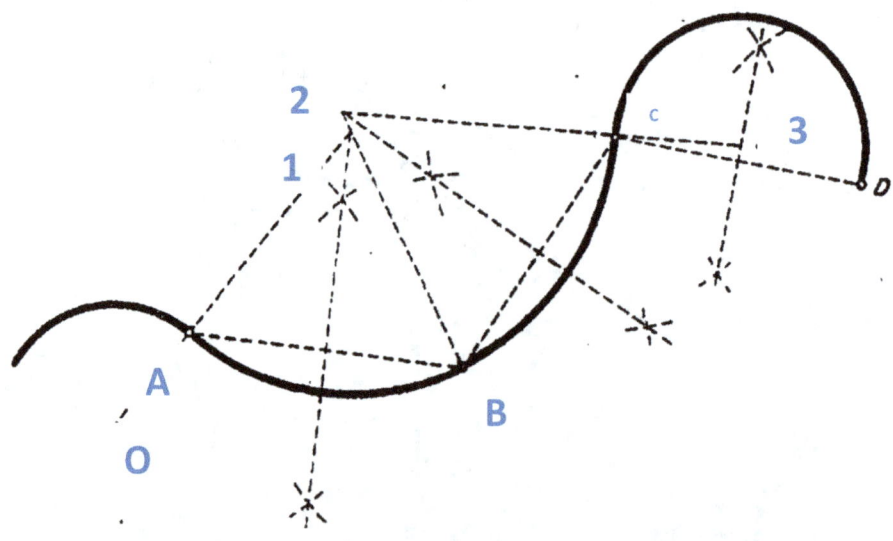

70

21. PROPORCIONALIDAD

La proporcionalidad es una relación matemática o geométrica entre dos o más cantidades que indica que estas cantidades mantienen una relación constante entre sí, es decir, que aumentan o disminuyen juntas de manera uniforme. En otras palabras, cuando dos o más cantidades son proporcionales, sus valores guardan una relación constante y predecible.

Existen dos tipos principales de proporcionalidad:

- Proporcionalidad Directa: También conocida como proporción directa o directamente proporcional, se refiere a la relación en la que dos o más cantidades aumentan o disminuyen juntas de manera constante. Si una cantidad se duplica, la otra también se duplica; si una cantidad se triplica, la otra también se triplica, y así sucesivamente. La proporcionalidad directa se puede expresar mediante una ecuación de la forma "y = kx", donde "y" y "x" son las cantidades relacionadas, y "k" es la constante de proporcionalidad.
- Proporcionalidad Inversa: En este caso, dos o más cantidades están relacionadas de tal manera que cuando una aumenta, la otra disminuye en proporción constante, y viceversa. Por ejemplo, si la velocidad de un automóvil aumenta, el tiempo necesario para recorrer una distancia dada disminuirá en proporción inversa. La proporcionalidad inversa se puede expresar mediante una ecuación de la forma "y = k/x", donde "y" y "x" son las cantidades relacionadas, y "k" es la constante de proporcionalidad.

La proporcionalidad es un concepto fundamental en matemáticas y se aplica en una amplia variedad de contextos, como la física, la economía, la estadística y la geometría. Permite modelar y entender cómo ciertas cantidades se comportan en relación con otras, lo que facilita la resolución de problemas y la toma de decisiones en diversas disciplinas.

Teorema de Tales
División de un segmento en partes proporcionales.

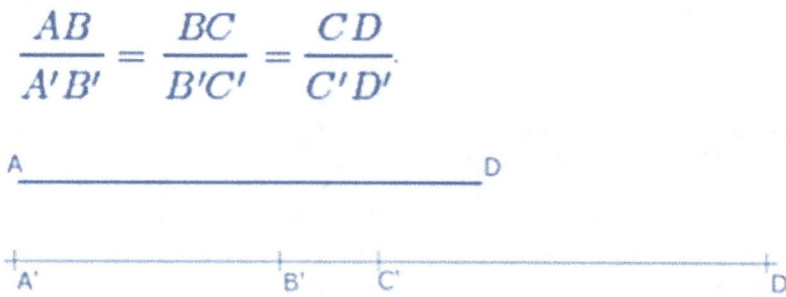

$$\frac{AB}{A'B'} = \frac{BC}{B'C'} = \frac{CD}{C'D'}.$$

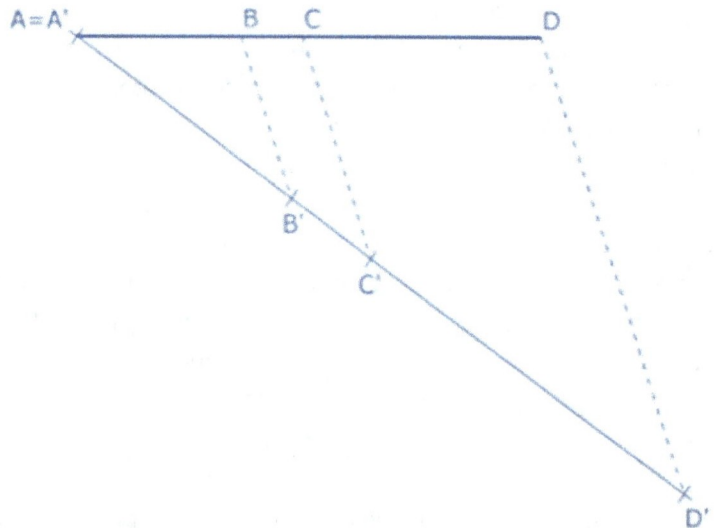

Ejercicio 84. Divide el segmento rectilíneo AB en partes iguales.

1. Desde el extremo B del segmento, Traza una semirrecta BC que forme un ángulo arbitrario con AB.
2. En la semirrecta BC, Divide la en tantas partes iguales como deseemos Divide el segmento AB, en este caso, seis divisiones.
3. Une el último punto de división (punto seis) con A y Traza líneas paralelas a A6 a través de los puntos 1, 2, 3, 4 y 5. Esto nos dará los puntos l', 2', 3', 4' y 5', los cuales dividen el segmento AB en las partes iguales requeridas.

Nota: Las divisiones iguales tomadas en la semirrecta BC pueden tener medidas arbitrarias.

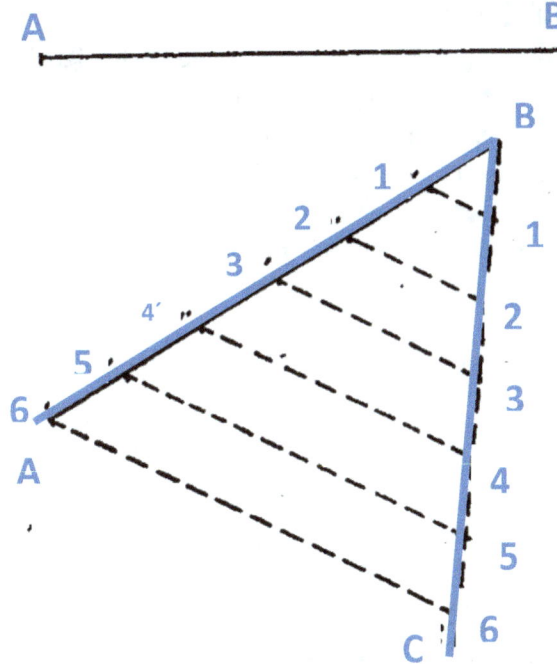

Tercera proporcional de dos segmentos

Dados 2 segmentos a y b, es c tercera proporcional si se cumple que: a/b=b/c

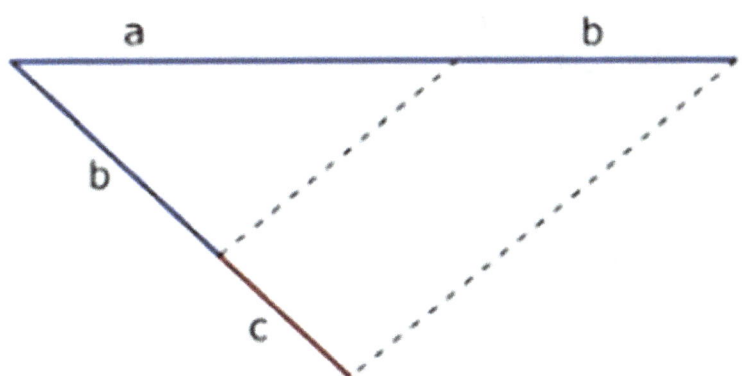

Ejercicio 85. Divide dos o más segmentos rectilíneos AB y CD en igual número de partes simultáneamente.

1. Traza una recta MN y divídela en un número de partes igual al que deseamos Divide los segmentos dados, en este caso, siete divisiones.
2. Con el lado MN, dibuja el triángulo equilátero MON.
3. Usando O como centro y con un radio igual a OA (que es igual a AB), determinar los puntos A y B.
4. Desde el mismo punto O, y con un radio igual al otro segmento dado CD, Traza dos arcos que nos darán los puntos C y D.
5. Une A con B y C con D.
6. Las intersecciones de los segmentos 01, 02, 03, etc., con las líneas AB y CD nos indicarán las divisiones requeridas.

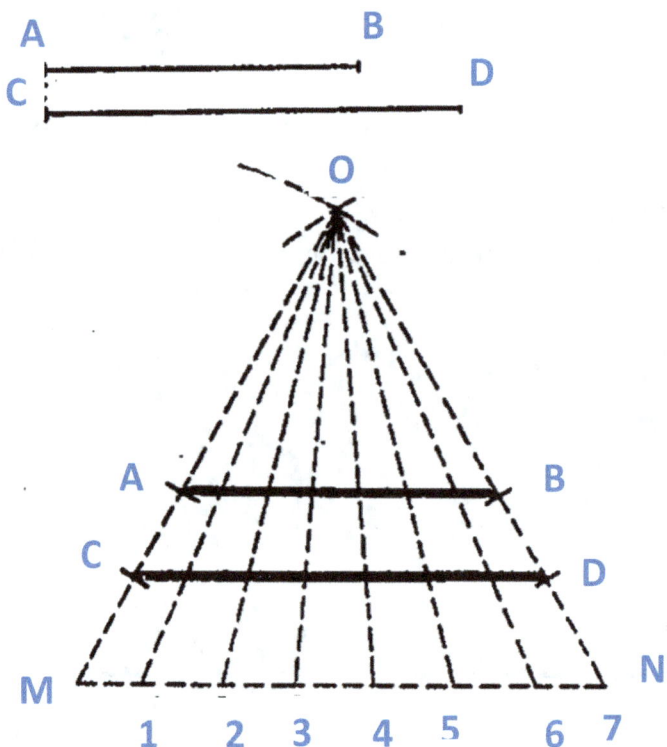

Cuarta proporcional de tres segmentos

Dados tres segmentos a, b y c, se denomina cuarta proporcional a un segmento d si éste cumple:
a/b=c/d

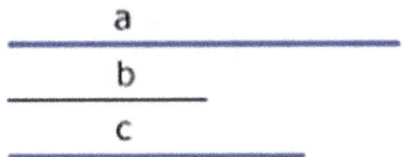

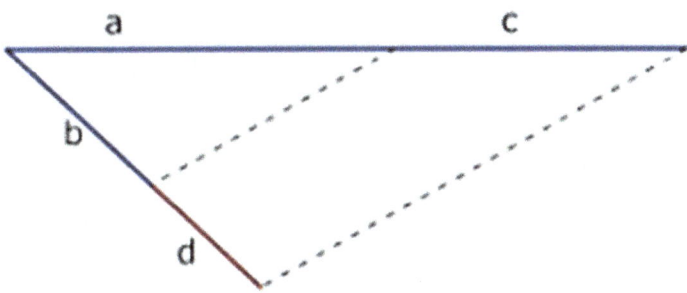

Ejercicio 86. Divide un segmento rectilíneo AB en partes proporcionales a otros segmentos AC, CD y DE.

1. Dibuja una semirrecta AE que forme un ángulo arbitrario con el segmento dado AB.
2. Colocar las magnitudes AC, CD y DE a lo largo de AE.
3. Une el punto E con el punto B.
4. Desde los puntos C y D, Traza lineas paralelas a EB, las cuales nos darán los puntos C' y D', los cuales dividen el segmento rectilíneo AB en las partes proporcionales requeridas.

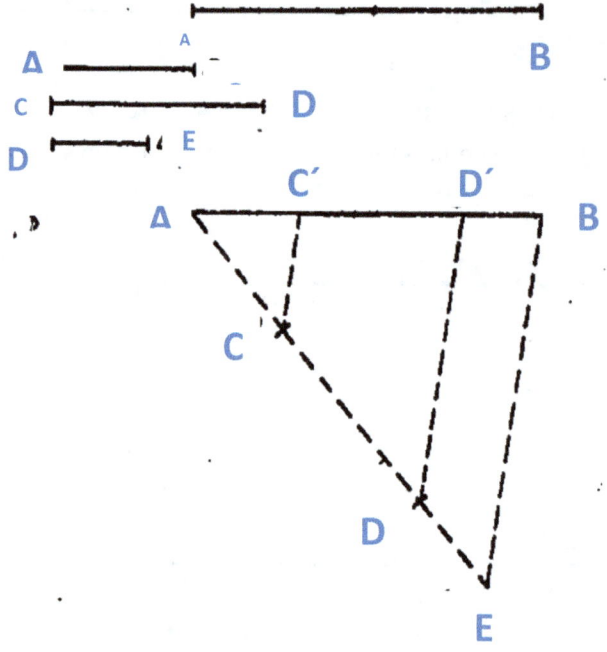

Teorema de la altura:

Situamos los 2 segmentos dados uno a continuación del otro. Se traza una semicircunferencia de centro en M, punto medio de la suma de a y b. Por el punto de contacto de los segmentos trazamos una perpendicular a estos que corta a la circunferencia y obtenemos la media proporcional buscada c.

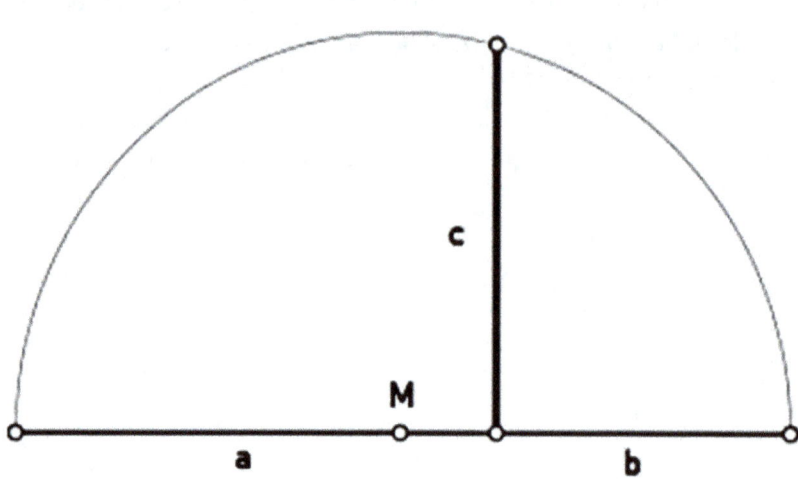

Ejercicio 87. Halla la media proporcional a dos segmentos rectilíneos dados AB y BC.

1. En una recta cualquiera, señala la magnitud AB y luego la magnitud BC.
2. Usando AC como diámetro, Traza una semicircunferencia.
3. Desde el punto B, dibuja una línea perpendicular BH a AC, la cual representará la media proporcional de los segmentos dados.

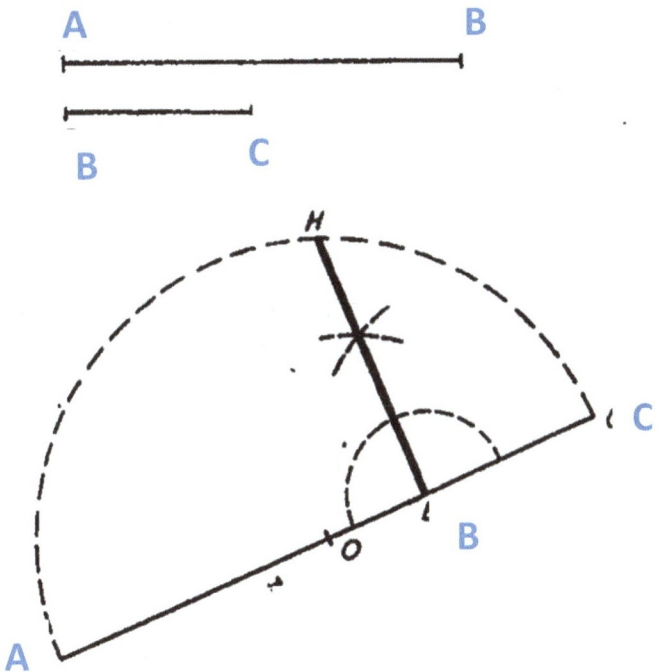

Ejercicio 88. Halla la tercera proporcional a dos segmentos rectilíneos dados AB y AC.

1. Dibuja un ángulo arbitrario y, en uno de sus lados, trasladar la longitud del segmento AB, y en el otro lado, la longitud del segmento AC.
2. Une los puntos B y C.
3. Desde A, describir el arco CC', con un radio igual al segmento más corto, AC.
4. Desde C', Traza la línea C'D, paralela a BC.
5. El segmento AD será la tercera proporcional a los segmentos dados AB y AC.

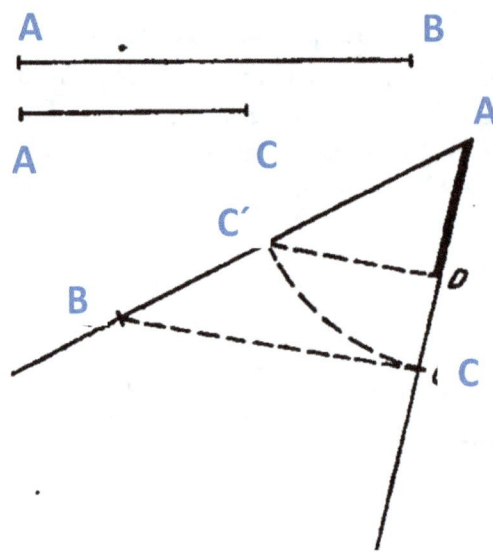

Ejercicio 89. Halla la cuarta proporcional a tres segmentos dados AB, AC y AD.

1. Dibuja un ángulo arbitrario y, en uno de sus lados, comenzando desde A, trasladar la longitud AB. Desde el mismo vértice A, Lleva la longitud del otro segmento rectilíneo AC.
2. Transporta AD al otro lado del ángulo y Une D con B.
3. Desde el punto C, Traza una línea paralela CE a BD, lo que nos dará el punto E.
4. El segmento rectilíneo AE será la cuarta proporcional entre los tres segmentos dados AB, AC y AD.

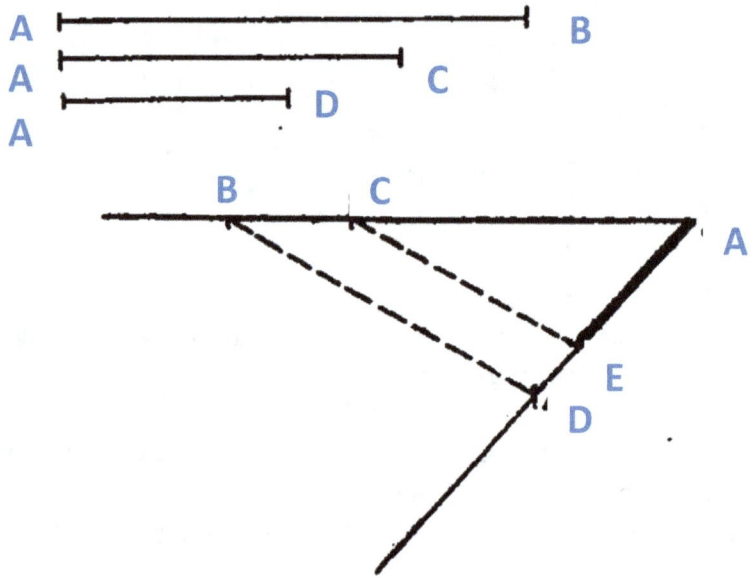

22. FIGURAS IGUALES Y SEMEJANTES

Las figuras iguales y semejantes son conceptos en geometría que se refieren a cómo las formas geométricas se comparan entre sí en términos de tamaño y forma. Aquí están las definiciones y las diferencias clave entre estas dos categorías:

Figuras Iguales:

- Las figuras iguales son aquellas que tienen exactamente la misma forma y el mismo tamaño.
- Cada par de segmentos de línea de las figuras iguales tiene la misma longitud y cada par de ángulos tiene la misma medida.
- Las figuras iguales pueden estar rotadas, reflejadas o trasladadas (movidas) una respecto a la otra, pero conservan su forma y tamaño original.
- Dos figuras iguales son idénticas en todos los aspectos geométricos.

Figuras Semejantes:

- Las figuras semejantes son aquellas que tienen la misma forma pero no necesariamente el mismo tamaño.
- Las figuras semejantes tienen lados que son proporcionales entre sí, lo que significa que las longitudes de los lados en una figura están en la misma proporción que las longitudes correspondientes en la otra figura.
- Los ángulos en figuras semejantes son congruentes, lo que significa que tienen la misma medida.
- Las figuras semejantes pueden diferir en escala, es decir, una puede ser una ampliación o una reducción de la otra.

En resumen, las figuras iguales son idénticas en forma y tamaño, mientras que las figuras semejantes tienen la misma forma, pero pueden diferir en tamaño. La semejanza es una propiedad importante en geometría que se utiliza para comparar y analizar objetos geométricos que tienen formas similares pero tamaños diferentes.

Teoremas de semejanza en triángulos:

- **Teorema 1:** Dos triángulos son semejantes si poseen dos pares de ángulos iguales.

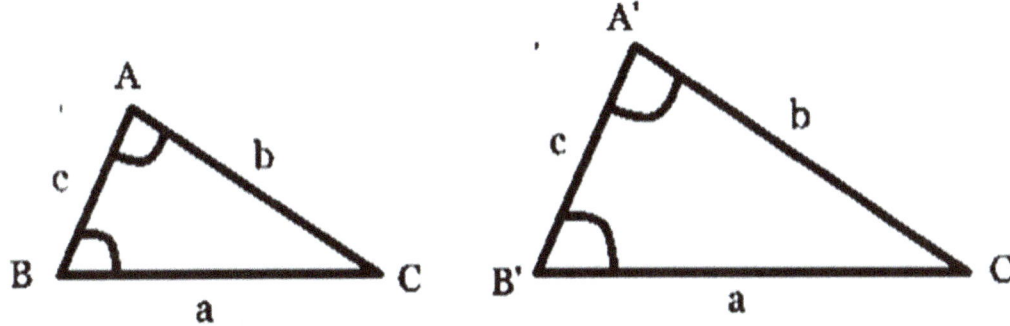

- Teorema 2: Dos triángulos son semejantes si poseen dos pares de lados homólogos proporcionales e igual el ángulo comprendido entre tales lados.

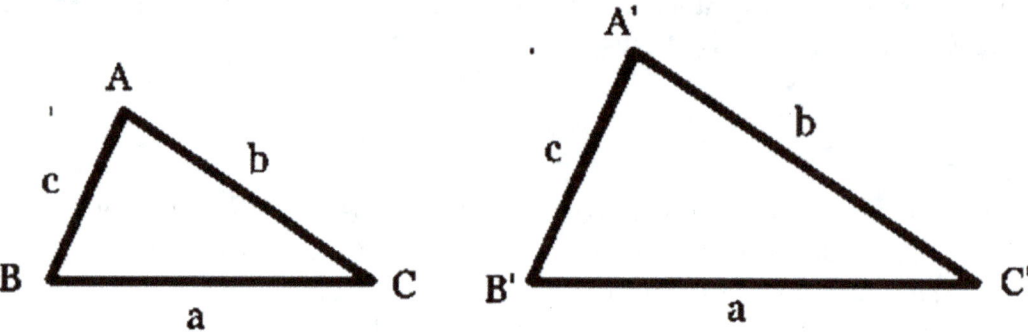

- Teorema 3: Dos triángulos son semejantes si poseen sus tres lados homólogos respectivamente proporcionales.

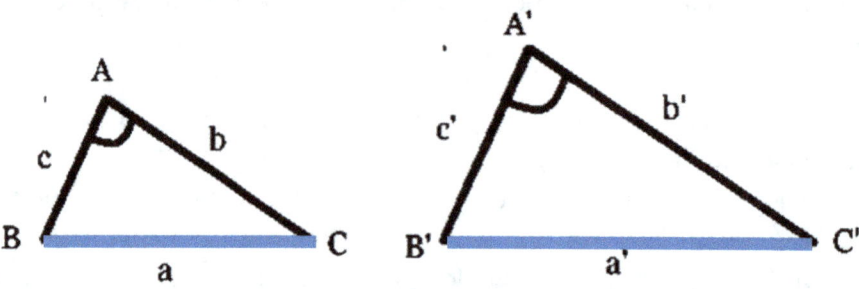

v

- Teorema 4: Dos triángulos son semejantes si poseen dos pares de lados homólogos proporcionales e igual el ángulo opuesto al mayor de estos lados.

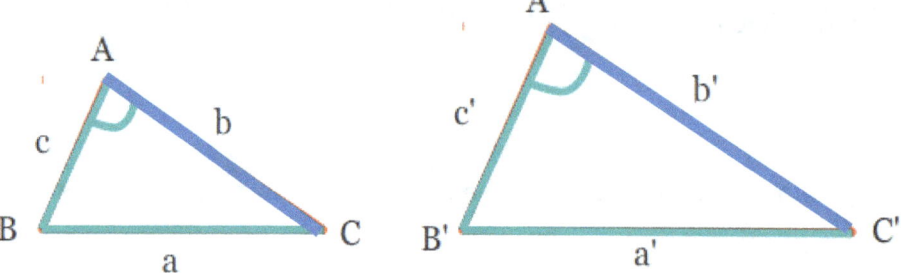

Ejercicio 90. Construye un polígono irregular igual a otro dado ABCDE. (Método de lados y ángulos.)

1. En una recta cualquiera, Toma A'B' igual a AB.
2. En el punto A', construir un ángulo igual al ángulo A, y en B', traza otro ángulo igual al ángulo B.
3. Lleva las magnitudes A'E' igual a AE y B'C' igual a BC sobre estos ángulos.
4. En los puntos E' y C', construir dos ángulos iguales a E y C, y sobre estos ángulos lleva las magnitudes E'D' igual a ED y C'D' igual a CD, con lo cual se ha construido el polígono.

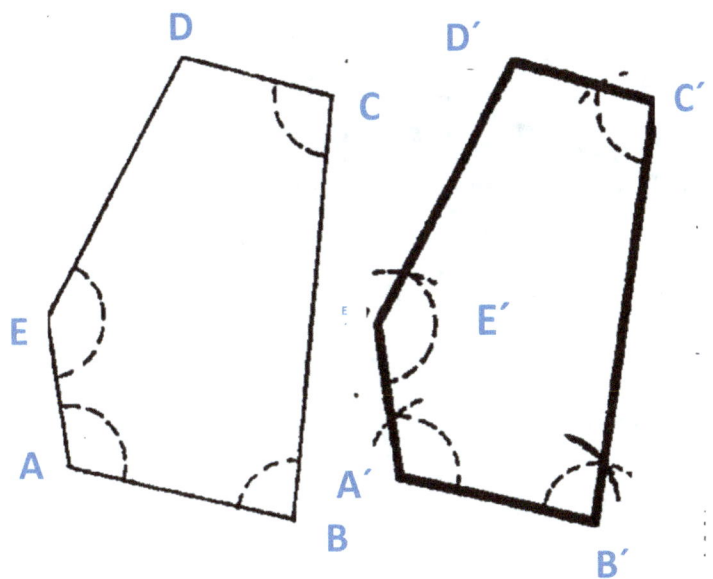

23.1 HOMOTECIA:

Cuando se corresponde punto a punto y recta a recta de manera que los pares homólogos están en línea recta con un punto fijo, que es el centro de la homotecia. Sea k un número positivo, cuando aplicamos una homotecia de centro O y razón k a un punto cualquiera P, obtenemos otro punto P' de la semirrecta que definen O y P, de manera que OP'=k·OP Al punto P' lo denominaremos homólogo de P.

Homotecia de centro O y razón 3.

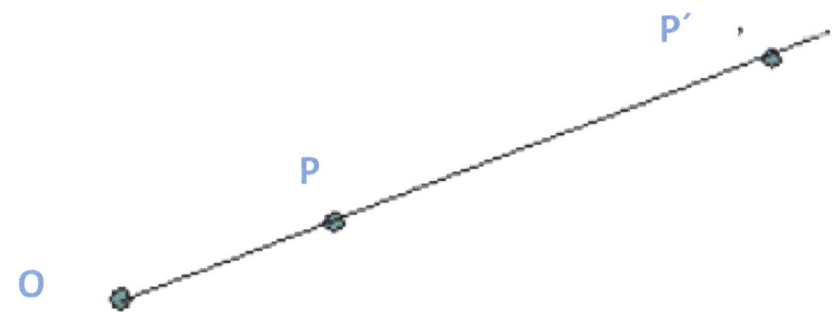

Homotecia de centro O y razón 2

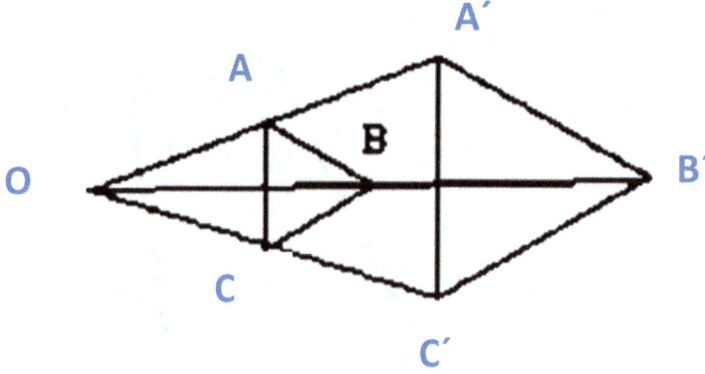

Homotecia de centro O y razón 1/3.

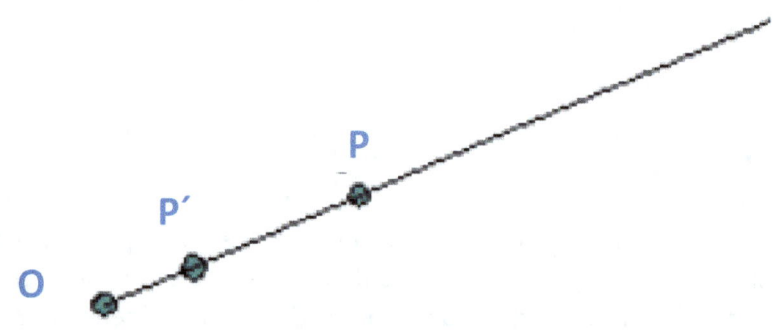

Homotecia de centro O y razón 1/2.

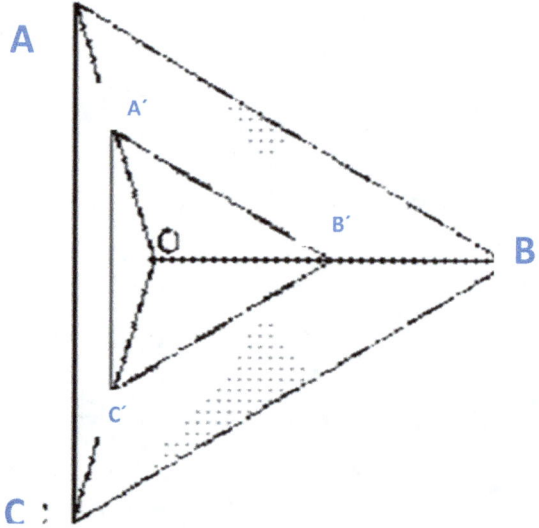

Ejercicio 91. Construye un polígono semejante a otro dado ABCD.

1. Comienza tomando un punto P que esté fuera del polígono.
2. Une P con A, B, C y D.
3. Elegir un punto cualquiera B' en el segmento BP y Traza el segmento B'A' de manera paralela a BA.
4. Desde A', Traza una línea paralela a AD, y desde D', Traza una línea paralela a DC.
5. Además, desde C', Traza una línea paralela a CB, lo que nos dará el polígono A'B'C'D', que será semejante al dado.

   NOTA: Si deseamos que la figura resultante tenga una razón de semejanza con la original, por ejemplo, de ½, simplemente tomamos el punto B' en la mitad del segmento BP.

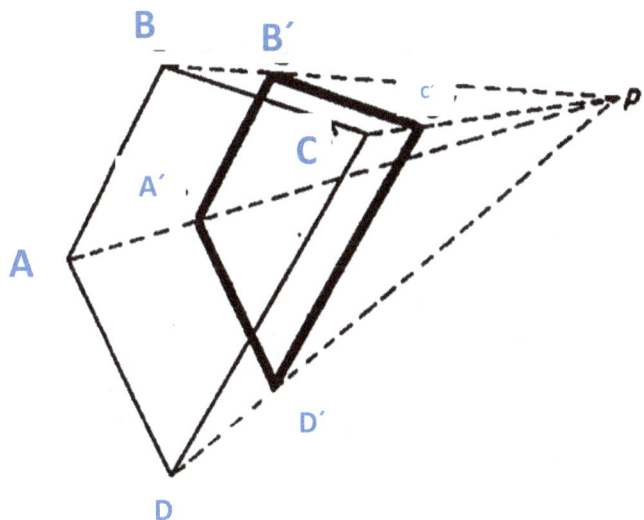

Ejercicio 92. Construye un polígono semejante a otro dado ABCDE, conociendo el valor de uno de sus lados l.

1. Prolonga la línea AB y Lleva la longitud del lado l = A'B.
2. Une B con los vértices del polígono dado, es decir, E, D y C.
3. Desde el punto A, Traza una línea paralela a AE hasta que corte la prolongación de BE.
4. Desde E', Traza una línea paralela a ED, y desde D', Traza una línea paralela a DC. Esto nos dará el polígono A'B'C'D'E', que será semejante al ABCDE.

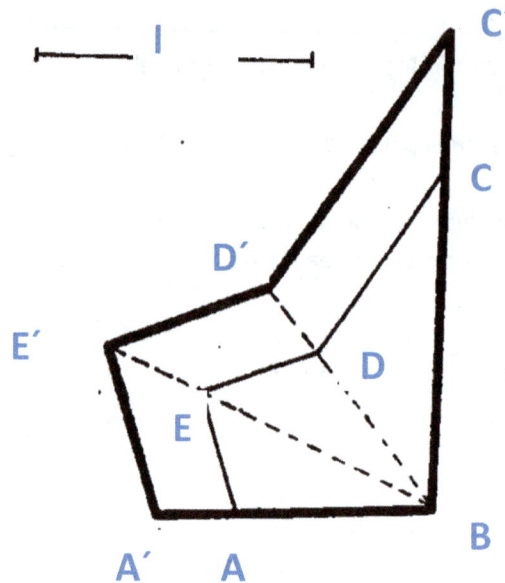

23. ESCALAS.

En la mayoría de los casos, resulta imposible representar los objetos en su tamaño real. A veces, estos objetos son de gran escala, como campos, provincias, naciones, etc., y en otras ocasiones son piezas de tamaño reducido, como las que se encuentran en instrumentos de medida o relojes. Por esta razón, es necesario representarlos en un dibujo de manera que todas sus líneas y superficies mantengan una cierta proporción o relación con las del objeto real. En algunos casos, los dibujos se reducirán en tamaño, mientras que en otros se ampliarán en relación con el objeto real.

La escala se expresa generalmente en forma de una fracción o una razón, donde el numerador representa las dimensiones de la representación (o el objeto) y el denominador representa las dimensiones reales del objeto original. Por ejemplo, si se dice que un mapa tiene una escala de 1:50, esto significa que cada unidad en el mapa representa 50 unidades en la realidad. Si el mapa muestra una carretera que mide 5 centímetros en el mapa, la carretera real tendría 250 centímetros (5 cm multiplicados por 50) o 2.5 metros de longitud.

La escala se refiere a la relación entre las dimensiones del dibujo y las del objeto que se representa. Cuando decimos "**escala 1:2**", estamos indicando que las dimensiones del dibujo son la mitad de las dimensiones del objeto real. Por otro lado, si la **escala es "2:1"**, se refiere a un dibujo cuyas dimensiones son dos veces más grandes que las del objeto original.

Para evitar la necesidad de realizar cálculos para cada línea que se dibuja en un plano, se utilizan escalas gráficas. Aquí se han representado tres escalas gráficas comunes:

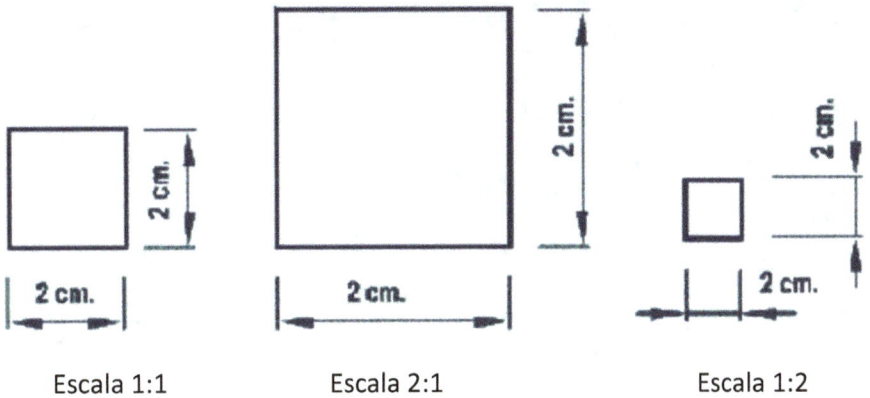

Escala 1:1   Escala 2:1   Escala 1:2

Además, se ha representado una figura a tamaño real (escala 1:1) y, a la derecha, la misma figura a una escala de 2:1, es decir, dos veces más grande. Se observa que en el dibujo ampliado a escala 2:1, los números indican las dimensiones reales del objeto, aunque las dimensiones en el plano son mayores.

ESCALA 1:2

Para representar esta escala, comenzamos tomando una longitud de 10 cm. En lugar de escribir "10," escribimos "20" en la escala gráfica y luego dividimos estos 20 cm. en 20 partes iguales. Esto significa que cada centímetro en la escala será realmente igual a 2 cm. A la izquierda del 0 se ha representado un centímetro dividido en 10 partes, que son equivalentes a milímetros, a una escala de 1:2.

ESCALA 3:4

Si decimos "escala 3:4", significa que las líneas del dibujo tienen una longitud que es el 75% de la longitud de las líneas homólogas del objeto real.

Supongamos que la escala tiene una longitud de 13 cm. Tomamos una longitud igual al 75% de 13, lo que equivale a 9.75 cm. Sin embargo, escribimos "13 cm." en la escala gráfica y luego dividimos esta longitud en 13 partes iguales. Esto significa que cada centímetro en la escala será igual a 3/4 de un centímetro en las dimensiones reales.

ESCALA 1:10.000

En esta escala, tomamos una longitud de 1 cm que corresponderá a 1 x 10,000 = 10,000 cm del objeto representado, lo que equivale a 100 metros. Dividimos esta longitud en 10 partes, y cada una de estas partes representará 10 metros a una escala de 1:10,000.

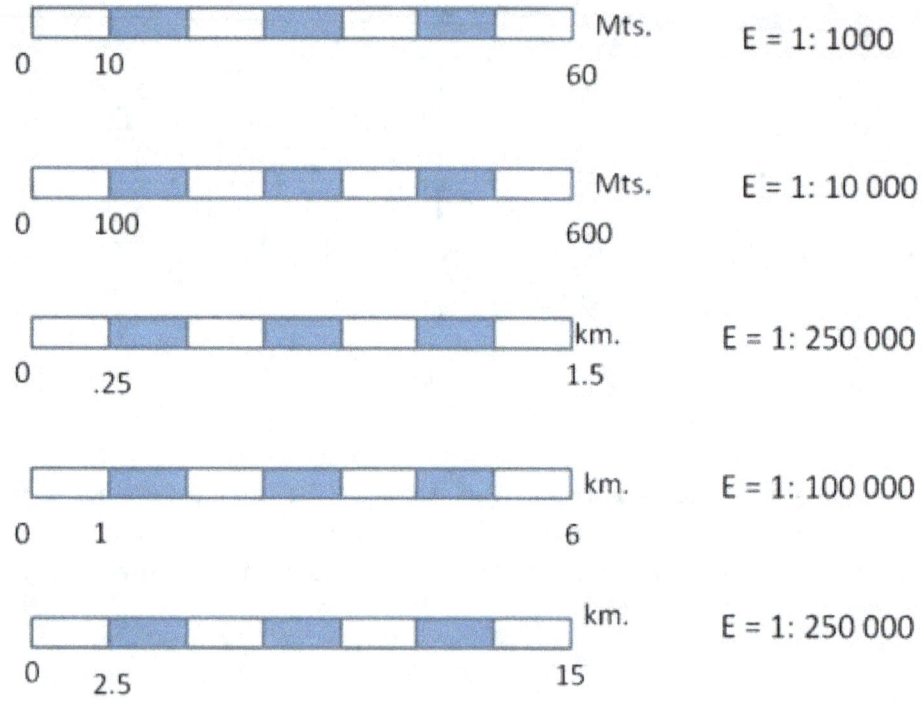

0 10 60 Mts.	E = 1: 1000	
0 100 600 Mts.	E = 1: 10 000	
0 .25 1.5 km.	E = 1: 250 000	
0 1 6 km.	E = 1: 100 000	
0 2.5 15 km.	E = 1: 250 000	

24. RECTIFICACION DE CURVAS

La rectificación de curvas es el proceso de transformar una curva en una línea recta mientras se conserva la proporción de las longitudes. Este proceso es útil en aplicaciones donde se necesita medir distancias o áreas en superficies curvas y se desea simplificar la representación de datos para su análisis y cálculo.

Ejercicio 93.   Rectifica la curva AB.

Para obtener el desarrollo propuesto, sigue estos pasos:

1. Divide la curva AB en un número determinado de partes iguales, idealmente de pequeña magnitud.
2. Luego, traslada estas divisiones a lo largo de un segmento rectilíneo. De esta manera, obtendrás el desarrollo deseado.

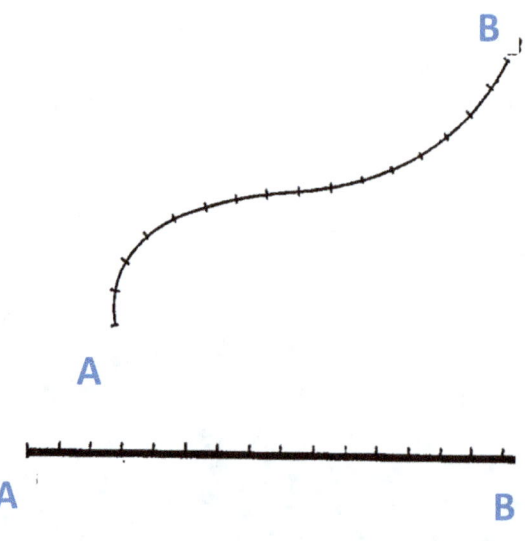

Ejercicio 94. Rectifica un cuadrante de circunferencia.

Para Traza el cuadrante de circunferencia, sigue estos pasos:

1. Traza el diámetro AB.
2. Utilizando como centros los puntos A y B, y tomando el radio igual al de la circunferencia, describe los arcos OD y OC.
3. Desde el punto B, traza el arco CE, y desde el punto A, traza el arco DE.
4. Utilizando el punto D como centro, describe el arco EF.
5. Une los puntos F y B. El segmento BF representa la longitud correspondiente a un cuadrante de la circunferencia.

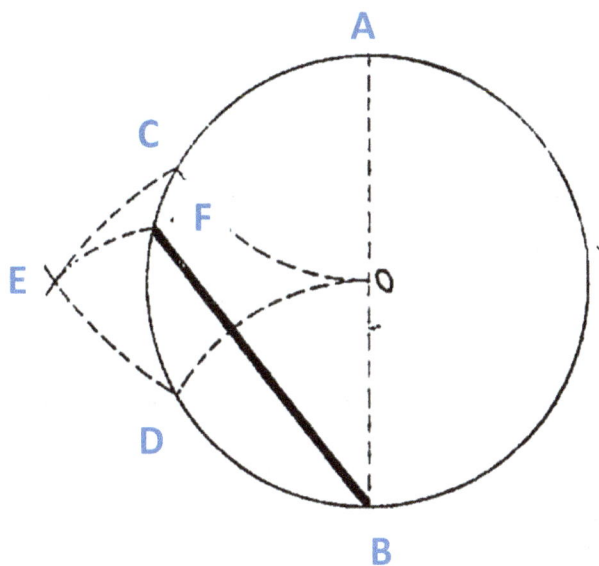

Ejercicio 95. Resuelve el problema anterior por otro procedimiento.

Para trazar la longitud correspondiente a un cuadrante de circunferencia, sigue estos pasos:

1. Dibuja el diámetro FB y extiéndelo hacia la derecha.
2. Traza el radio OA desde el centro O hasta el punto A.
3. Divide el radio OB en cuatro partes iguales y toma tres de estas divisiones a la derecha de B.
4. Traza la tangente desde el punto F, que cortará en el punto E, a la prolongación de la línea CA.

El segmento EF representa la longitud correspondiente a un cuadrante de la circunferencia.

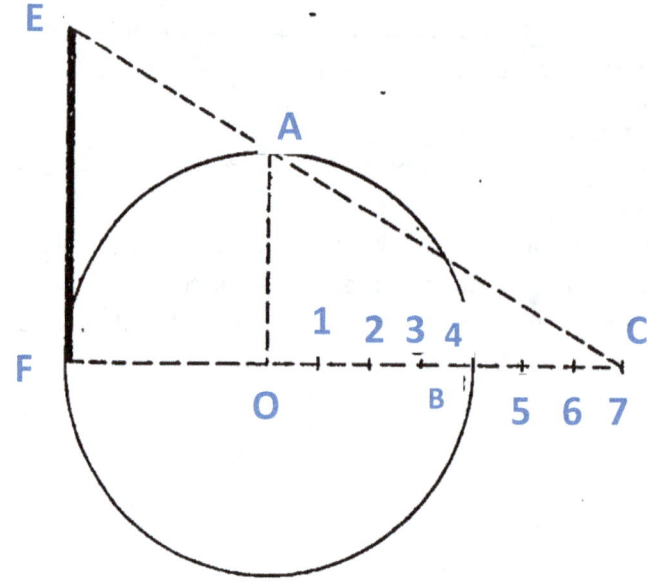

Ejercicio 96. Rectifica una semicircunferencia.

Para obtener la longitud de la semicircunferencia, sigue estos pasos:

1. Traza el diámetro BA y OC, formando un ángulo de 30 grados ($\theta = 30°$).
2. Dibuja la tangente desde el punto A, la cual cortará la línea previamente trazada en el punto C.
3. Desde el punto C, sobre esta tangente, marca tres veces la magnitud del radio de la circunferencia. Es decir, CD = DE = EF = radio.
4. Une los puntos B y F.
5. El segmento BF representa la longitud de la semicircunferencia.

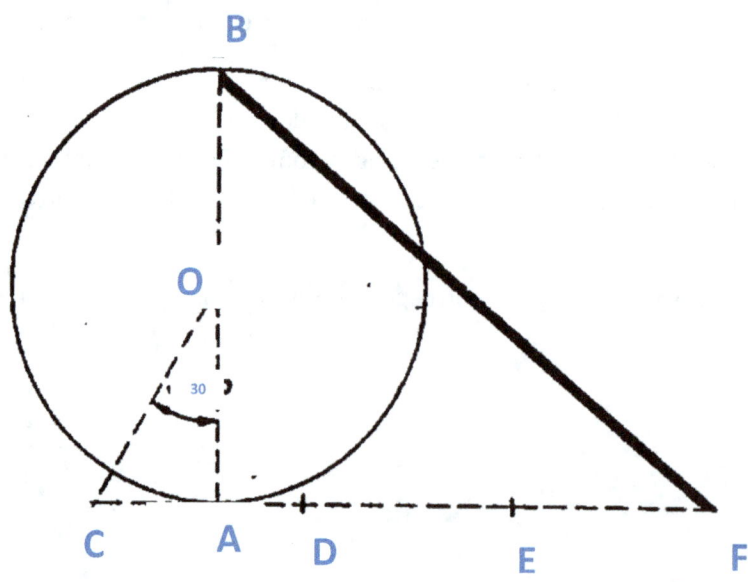

Ejercicio 97. Rectifica una circunferencia.

Para obtener el desarrollo de la circunferencia, sigue estos pasos:

1. Traza el diámetro AB y divídelo en siete partes iguales.
2. Sobre una recta, marca tres diámetros completos (de O a 21).
3. Añade una división más, marcando el punto 22.
4. El segmento CD será el desarrollo de la circunferencia requerida.

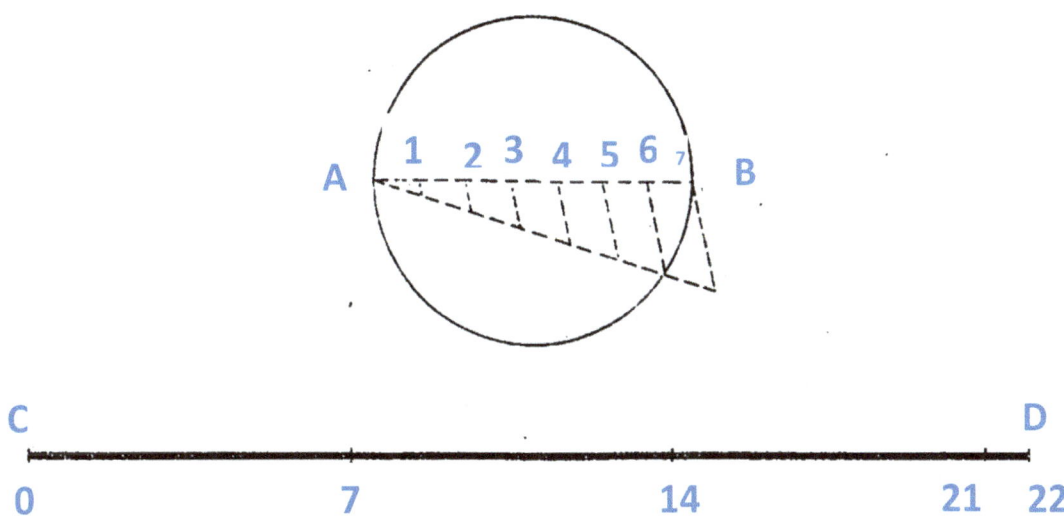

25. FIGURAS EQUIVALENTES

Las figuras equivalentes son figuras geométricas que tienen la misma área o volumen, pero no necesariamente la misma forma ni las mismas dimensiones lineales. En otras palabras, las figuras equivalentes tienen una medida cuantitativa igual, como el área o el volumen, pero pueden tener formas y tamaños diferentes.

Las características clave de las figuras equivalentes son:

- Igualdad de Medida: La medida cuantitativa específica que se comparte entre las figuras equivalentes depende del contexto. Por ejemplo, en dos dimensiones, las figuras equivalentes tienen la misma área, mientras que, en tres dimensiones, tienen el mismo volumen.
- Formas Diferentes: Aunque las figuras equivalentes tienen la misma medida cuantitativa, sus formas y dimensiones lineales pueden variar. Esto significa que pueden tener proporciones y geometrías diferentes.
- Aplicaciones: Las figuras equivalentes se utilizan en matemáticas y en una variedad de campos, como la geometría, la física, la ingeniería y la estadística, para simplificar problemas y realizar cálculos relacionados con áreas, volúmenes y cantidades en términos de sus medidas equivalentes.

Ejemplos comunes de figuras equivalentes incluyen cuadrados y rectángulos con áreas iguales, o cilindros con volúmenes iguales, pero con alturas y radios diferentes. La noción de figuras equivalentes es fundamental en la resolución de problemas que involucran cantidades físicas y espaciales, ya que permite simplificar cálculos y comparaciones.

Ejemplos:

Cuadrado equivalente a un rectángulo.

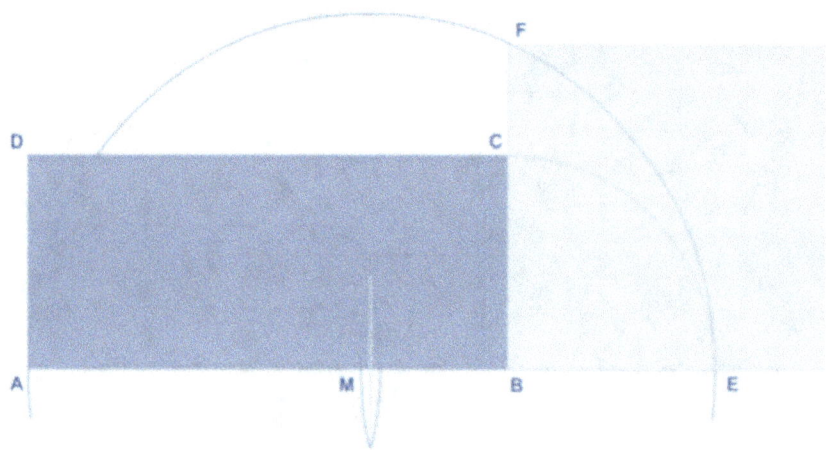

Cuadrado equivalente a un triángulo

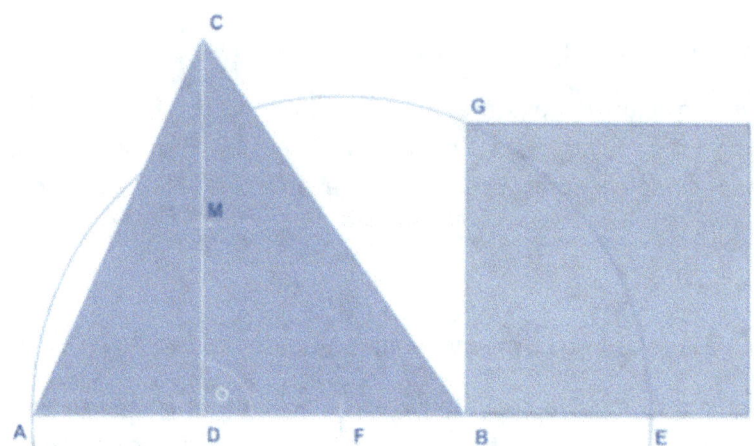

Ejercicio 98. Construye un rectángulo equivalente a un triángulo dado ACB.

Para obtener un rectángulo equivalente al triángulo dado ABC, sigue estos pasos:

1. Traza la altura CH del triángulo.
2. Encuentra el punto medio D de la altura CH.
3. Desde el punto medio D de la altura, traza una línea paralela a la base AB del triángulo.
4. Desde los puntos A y B, traza líneas perpendiculares a la base AB del triángulo. Estas líneas cortarán a la línea paralela trazada anteriormente en los puntos E y F.

5. El rectángulo AEFB será equivalente al triángulo dado ACB.

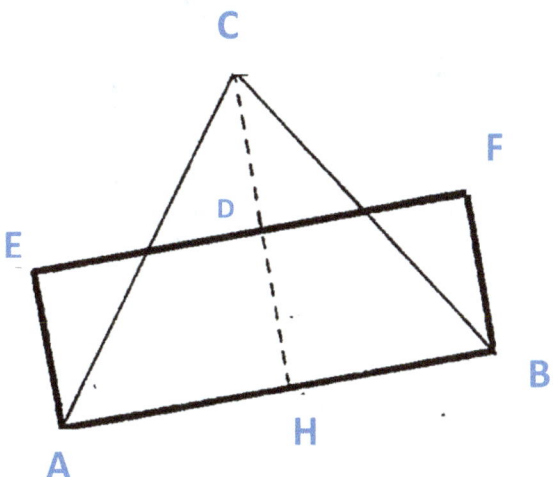

Ejercicio 99. Construye un cuadrado equivalente a un triángulo dado ACB.

Para construir el cuadrado JBHI, sigue estos pasos:

1. Desde el vértice C, traza la altura del triángulo y encuentra el punto medio D de esa altura.
2. Desde D, traza una línea paralela a AB, que cortará en F a la perpendicular trazada desde el extremo B de la base AB.
3. Con centro en B y radio BF, traza el arco FG, y encuentra el punto de intersección G de este arco con la prolongación de AB.
4. Desde el punto medio O de AG, describe una semicircunferencia.
5. Prolonga BF hasta que corte la semicircunferencia en el punto H, que será el vértice del cuadrado.
6. Desde B, con radio BH, describe el arco HJ y traza una perpendicular a AB desde J, que cortará la semicircunferencia en I.
7. Une los puntos H e I y obtendrás el cuadrado JBHI.

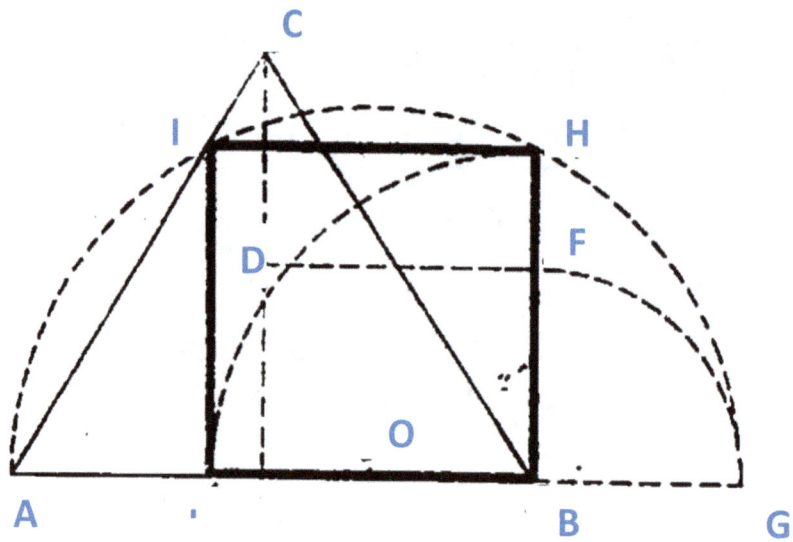

Ejercicio 100. Construye un rectángulo de altura AE conocida, equivalente a otro ABCD.

Para obtener el rectángulo AEGF, sigue estos pasos:

1. Sobre AD, lleva la magnitud AE, que es la altura del rectángulo conocido.
2. Une E y B.
3. Desde D, traza una línea paralela a EB, que cortará en F la prolongación del lado AB.
4. Por E, traza una línea paralela a AF, que cortará en el punto G la perpendicular trazada desde F a AF.
5. El rectángulo AEGF es la solución pedida.

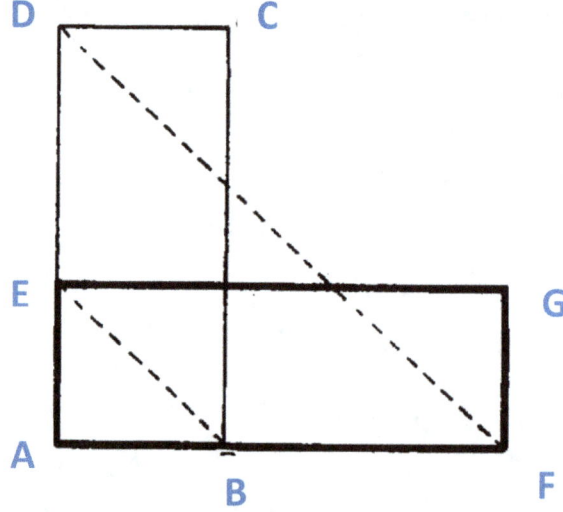

Ejercicio 101. Convierte un polígono ABCDE en otro equivalente que tenga un lado menos.

ara obtener el polígono ABCF, que es equivalente al dado ABCDE pero con un lado menos, sigue estos pasos:

1. Traza la diagonal CE del polígono dado.
2. Desde D, traza una línea paralela a la diagonal CE.
3. Prolonga AE hasta que corte en F a la línea paralela trazada anteriormente.
4. Une los puntos C y F, y así obtendrás el polígono pedido ABCF.

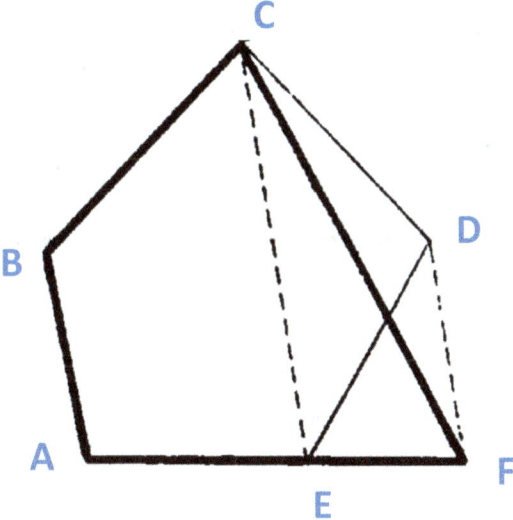

Ejercicio 102. Convertir un cuadrado ABCD en un triángulo equilátero equivalente.

Para obtener el triángulo equilátero AFE, sigue estos pasos:

1. Desde A, como centro, describe el arco DB.
2. Desde B, describe el arco AP.
3. Une A con P.
4. Por H, el punto medio de AD, traza HQ paralela a AB, y QN paralela a AD.
5. Desde N, traza una línea paralela NS a AQ.
6. Prolonga AS hasta que corte el arco DB en el punto T, por donde debe pasar la altura del triángulo.
7. Prolonga AP y, desde T, traza una perpendicular a AB. Estas dos líneas se cortarán en F, que será el vértice del triángulo equilátero.
8. Desde A, lleva la magnitud AF en la prolongación de AB, obteniendo el punto E, que es el tercer vértice del triángulo equilátero AFE, que es la solución requerida.

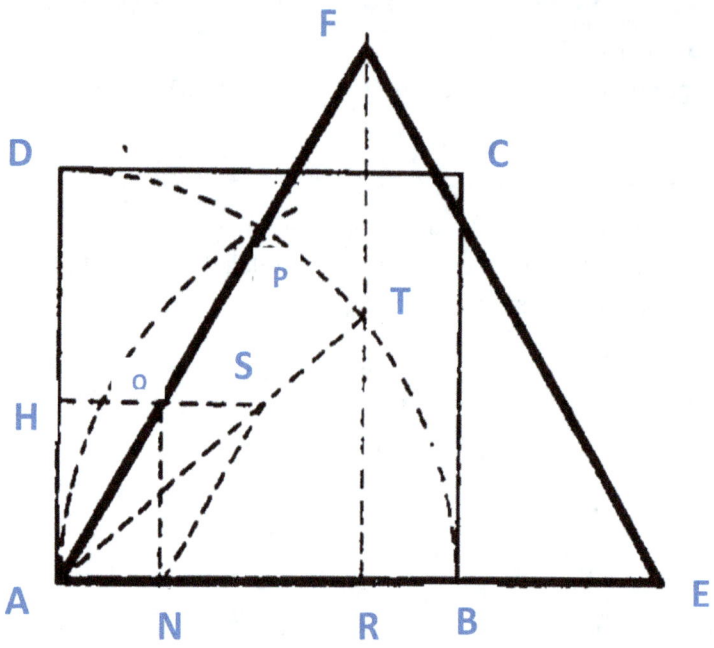

Ejercicio 103.　　　Construye un cuadrado equivalente a un circulo dado.

Para construir el cuadrado equivalente al círculo dado, sigue estos pasos:

1. Traza el diámetro AB del círculo.
2. En el extremo B del diámetro, Traza una tangente al círculo.
3. Divide el radio OA en seis partes iguales. Para hacerlo, puedes marcar puntos equidistantes a lo largo del radio.
4. Desde el punto 1 como centro, con un radio igual al doble del diámetro del círculo, describe un arco que cortará la tangente en el punto C.
5. Une C con A. Esto te dará el punto D.
6. Une D con B, y ahora tienes uno de los lados del cuadrado, que es DB.
7. Construye el cuadrado BDEF utilizando DB como un lado. Puedes hacerlo utilizando técnicas de construcción de cuadrados conocidas.
8. Este cuadrado (BDEF) será equivalente al círculo original, lo que significa que tendrán la misma área.

C

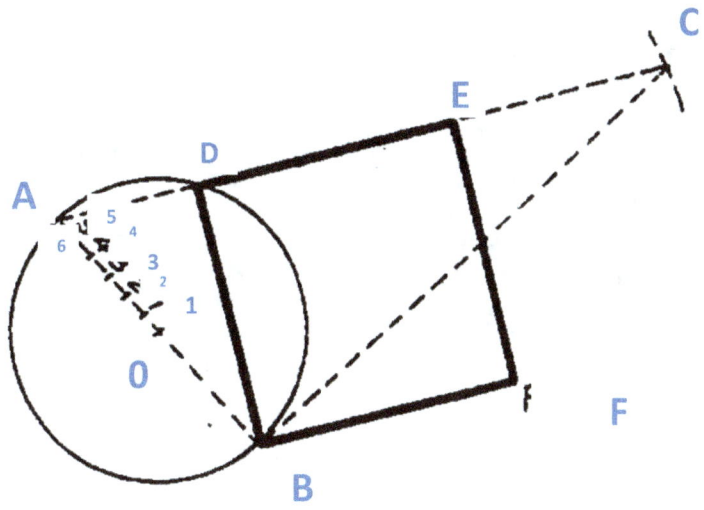

Ejercicio 104.   Dados dos puntos P y Q, Halla sus simétricos con respecto a un eje XX'.

Para construir el punto simétrico P' del punto P con respecto al eje de simetría XX', y hacer lo mismo para el punto Q, sigue estos pasos:

1. Traza una perpendicular desde P al eje XX'. Llamaremos a este punto de intersección con el eje como M.
2. Desde el punto M, marca una distancia igual a la magnitud de PM y llámala PM'. Esto es, lleva la misma distancia en la dirección opuesta al eje XX' desde M.
3. El punto P' es la intersección entre la línea que pasa por P y M' y el eje XX'. Conecta P' con P para representar la simetría de P con respecto al eje XX'.
4. Repite los pasos 1 a 3 para el punto Q. Traza una perpendicular desde Q al eje XX', y desde el punto de intersección con el eje, marca una distancia igual a la magnitud de QM. Llama a este punto QM' y conecta Q' con Q.
5. Ahora tienes los puntos P' y Q', que son los puntos simétricos de P y Q, respectivamente, con respecto al eje de simetría XX'.

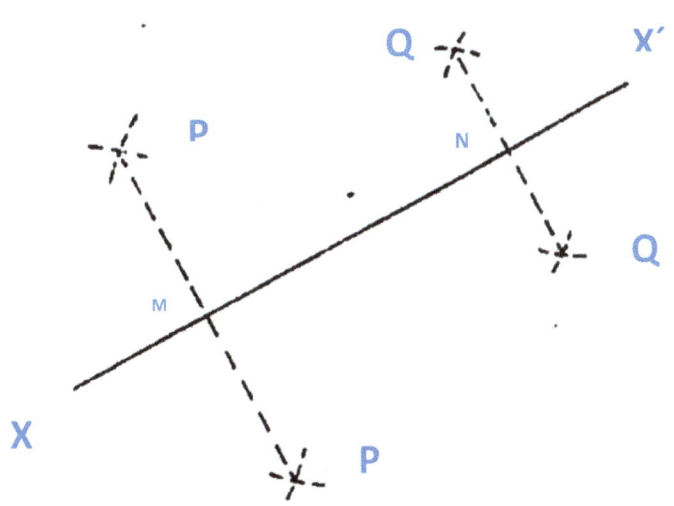

Ejercicio 105.   Dada una recta AB, Halla su simétrica con respecto a un eje cualquiera XX'.

Para encontrar los puntos A1 y B1, que son los puntos simétricos de los extremos A y B de la recta AB con respecto al eje de simetría XX', puedes seguir estos pasos:

1. Encuentra los puntos simétricos de A y B en relación con el eje de simetría XX' utilizando el mismo método que se describió anteriormente. Llamemos a estos puntos A1 y B1, respectivamente.
2. Une los puntos A1 y B1 con una línea recta. Esta línea, A1B1, será la recta simétrica de AB con respecto al eje de simetría XX'.
3. Ahora tienes la recta A1B1, que es la simétrica de la recta AB con respecto al eje de simetría XX'.

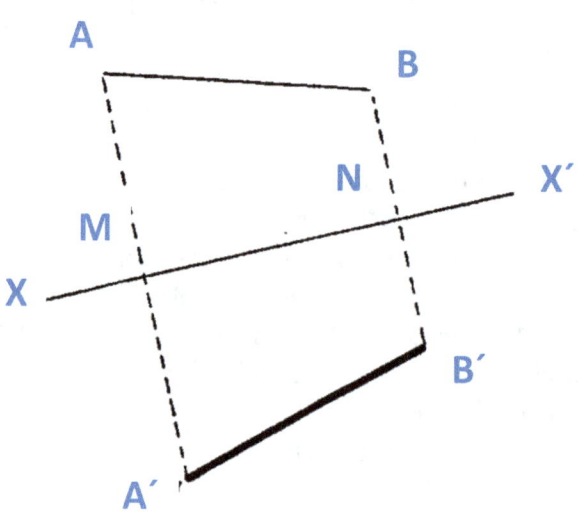

Ejercicio 106.   Dada una figura ABCD, Halla la figura simétrica de la misma con respecto a la recta XX'.

Para encontrar los puntos simétricos de los vértices A, B, C y D con respecto al eje XX' y crear la figura A1B1C1D1, sigue estos pasos:

1. Toma cada uno de los vértices A, B, C y D y traza perpendiculares al eje XX'.
2. Encuentra los puntos simétricos de los vértices A, B, C y D utilizando el mismo método que se describió anteriormente para encontrar puntos simétricos en relación con el eje de simetría XX'. Llamemos a estos puntos A1, B1, C1 y D1.
3. Une los puntos A1, B1, C1 y D1 en el orden correcto para formar la figura A1B1C1D1.
4. Con estos pasos, habrás obtenido la figura A1B1C1D1, que es la figura simétrica de ABCD con respecto al eje XX'.

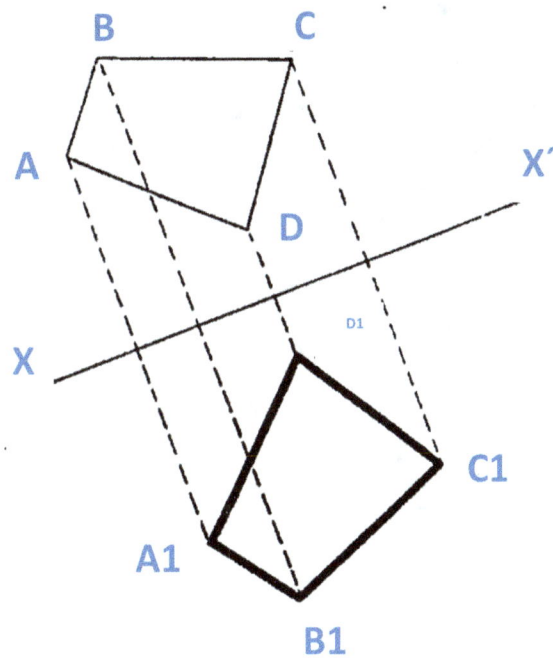

Ejercicio 107.   Dada una curva ABCDEFG, Halla su simétrica con respecto a un
          eje dado XX'.

Para encontrar los puntos simétricos de los extremos AG de la curva y de cada uno de los puntos de tangencia B, C, D, E y F con respecto al eje XX' y crear la figura A1B1C1D1E1F1G1, sigue estos pasos:

1. Encuentra los puntos simétricos A1 y G1 de los extremos A y G de la curva utilizando el método que se describió anteriormente para encontrar puntos simétricos en relación con el eje de simetría XX'.
2. Encuentra los puntos simétricos B1, C1, D1, E1 y F1 de los puntos de tangencia B, C, D, E y F con respecto al eje XX' utilizando el mismo método que se describió anteriormente.
3. Une los puntos A1, B1, C1, D1, E1, F1 y G1 en el orden correcto para formar la figura A1B1C1D1E1F1G1.
4. Con estos pasos, habrás obtenido la figura A1B1C1D1E1F1G1, que es la figura simétrica de AGBCDEF con respecto al eje XX'.

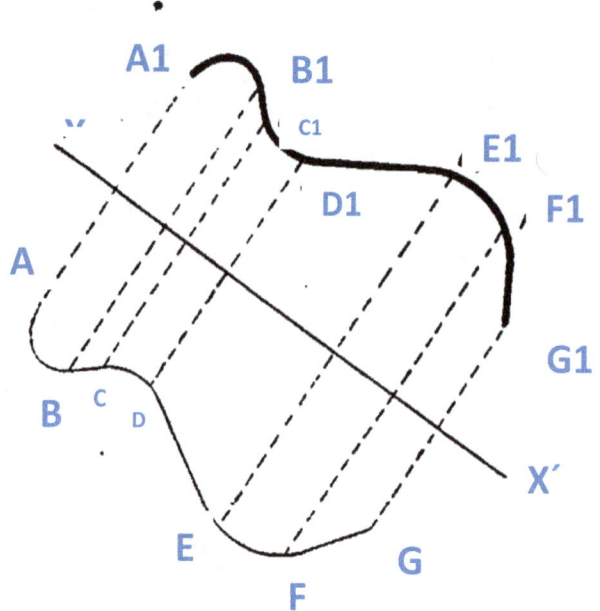

26. OVALO

Un óvalo es una figura geométrica bidimensional que se caracteriza por tener una forma ligeramente elongada y curvada, similar a la de un huevo o una elipse, pero con dos lados cóncavos y dos lados convexos.

Las características clave de un óvalo son:

- Forma Curvada: Un óvalo tiene una forma curvada y cerrada en la que todos los puntos en el borde exterior de la figura están a una distancia constante del centro. Esto significa que la longitud de la circunferencia del óvalo varía dependiendo de su tamaño y proporciones.
- Dos Lados Convexos y Dos Lados Cóncavos: La forma del óvalo está delimitada por dos lados cóncavos (que se curvan hacia adentro) y dos lados convexos (que se curvan hacia afuera). Estos lados pueden tener diferentes longitudes y curvaturas, lo que da lugar a una variedad de formas de óvalos.
- Simetría: Muchos óvalos exhiben algún grado de simetría, lo que significa que pueden dividirse en dos mitades iguales a lo largo de su eje principal o menor.
- Versatilidad: Debido a su forma suave y curva, los óvalos se utilizan en una variedad de aplicaciones en el diseño gráfico, la arquitectura, el arte y la naturaleza. Son comunes en elementos decorativos y en objetos cotidianos, como espejos, marcos de cuadros y joyería.

Es importante destacar que la palabra "óvalo" se utiliza a menudo en un sentido más amplio y coloquial para describir cualquier forma que tenga una apariencia similar a la mencionada anteriormente, incluso si no es una elipse perfecta.

Ejercicio 108. Traza un óvalo conociendo su eje mayor AB.

Para construir el óvalo según las instrucciones proporcionadas, sigue estos pasos:

1. Divide el eje mayor AB en tres partes iguales. Puedes marcar dos puntos de división igualmente espaciados en el eje mayor AB.
2. Desde los puntos de división 1 y 2, toma A1 como radio y traza dos circunferencias que se corten en los puntos C y D. Estas circunferencias deben tener su centro en los puntos 1 y 2 y un radio igual a la distancia A1.
3. Une los puntos C y 1, y también C y 2, prolongando hacia abajo estos segmentos.
4. De manera similar, une los puntos D con 1 y 2, prolongando hacia arriba los segmentos D1 y D2.
5. El punto 1 será el centro del arco GAE, y el punto 2 será el centro del arco FBH.
6. Finalmente, el punto C será el centro del arco GH, y el punto D será el centro del arco EF del óvalo buscado.
7. Siguiendo estos pasos, habrás construido el óvalo de acuerdo con las instrucciones dadas.

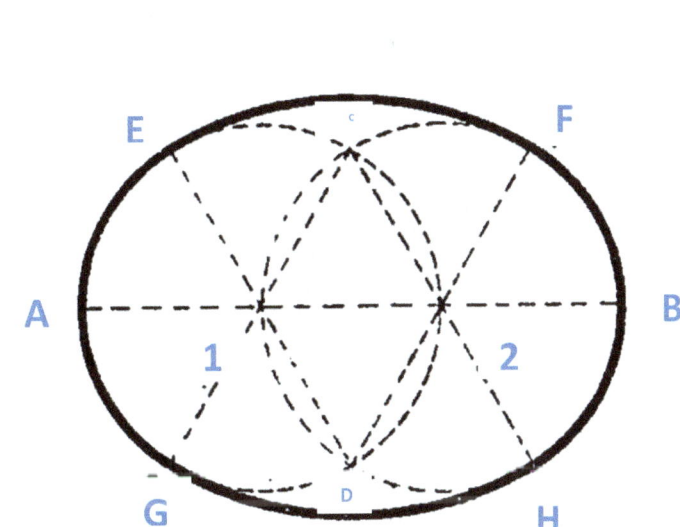

Ejercicio 109. Traza un óvalo conociendo su eje mayor AB y el menor CD.

Para construir el óvalo según las instrucciones proporcionadas, sigue estos pasos:

1. Dibuja el eje mayor AB y el eje menor CD, asegurándote de que sean perpendiculares en el punto medio de AB, que llamaremos O.
2. Une los extremos A y C con una línea recta.
3. Desde el punto O, que es el centro del eje mayor, describe un arco hacia la derecha con un radio igual a OA. Este arco cortará la línea que une A y C en el punto E.
4. Con C como centro y un radio igual a CE, describe el arco EF.
5. Traza la mediatriz de la línea AF, que es la línea que pasa por el punto medio M del segmento AF y es perpendicular a AF. Esta mediatriz cortará el eje mayor AB en el punto M y el eje menor CD en el punto N.
6. Lleva la distancia OM a la derecha de O y marca el punto M1. Luego, lleva la distancia ON hacia arriba desde O y marca el punto N1.

7. Une los puntos N y M, prolongando la línea hacia abajo. Haz lo mismo con los puntos N1 y M1, prolongando la línea hacia la parte inferior.

8. El punto M será el centro del arco JAH, el punto M1 será el centro del arco SBT, el punto N será el centro del arco HCS, y el punto N1 será el centro del arco JDT del óvalo pedido.

Siguiendo estos pasos, habrás construido el óvalo de acuerdo con las instrucciones dadas.

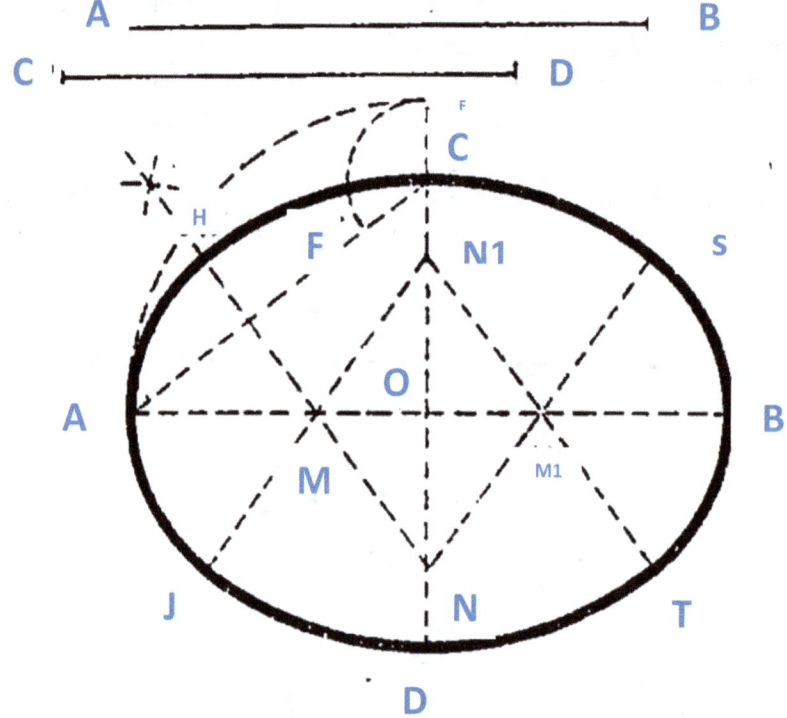

27. OVOIDE

Un ovoide es una figura tridimensional que se asemeja a un óvalo o elipse en tres dimensiones. Esta forma se genera mediante la rotación de una elipse alrededor de uno de sus ejes, creando así una figura que es simétrica y suave, con dos extremos que se asemejan a puntos o lóbulos.

Las características clave de un ovoide son las siguientes:

- Forma Suave: Un ovoide tiene una forma suave y curva, sin aristas ni esquinas afiladas. Su superficie es continua y se asemeja a una figura elíptica en tres dimensiones.
- Simetría: Un ovoide suele tener algún grado de simetría, lo que significa que se puede Divide en dos mitades iguales a lo largo de uno de sus ejes. Esta simetría puede ser axial o central, dependiendo de cómo se forme el ovoide.
- Dimensiones Tridimensionales: A diferencia de un óvalo o una elipse, que son figuras bidimensionales, un ovoide es una figura tridimensional que tiene longitud, ancho y altura.
- Extremos Puntiagudos: Los extremos de un ovoide suelen ser puntiagudos o cónicos, lo que le da su característica forma de lóbulo o punto. Estos extremos pueden ser más o menos pronunciados según las proporciones y la orientación del ovoide.

Los ovoides se encuentran en diversas aplicaciones, como el diseño de objetos y formas en el arte, la arquitectura y la naturaleza. También son útiles en la geometría y la física para describir ciertas formas y estructuras tridimensionales que tienen similitudes con esta figura.

Ejercicio 110.   Traza un ovoide conociendo su anchura AB.

Para construir el ovoide según las instrucciones proporcionadas, sigue estos pasos:

1. Traza la línea AB y su mediatriz, que será la línea que pasa por el punto medio O de AB y es perpendicular a AB.
2. Desde el punto O, que es el centro del eje mayor, describe una circunferencia con un radio igual a OA.
3. Une los extremos A y C de la línea AB, prolongando el segmento AC hacia la derecha. De manera similar, une los extremos B y C, prolongando el segmento BC hacia la izquierda.
4. Con A como centro y un radio igual a AB, traza el arco BN. Luego, con B como centro y el mismo radio, traza el arco AM.
5. Tomando C como centro y un radio igual a CM, traza el arco MN.
6. El resultado será el ovoide, que es la figura cerrada formada por las partes curvas de los arcos BN, AM y MN.

Siguiendo estos pasos, habrás construido el ovoide de acuerdo con las instrucciones dadas.

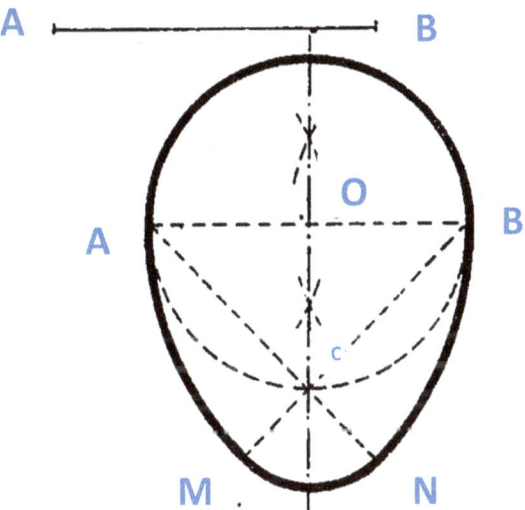

Ejercicio 111.   Traza un ovoide conociendo su eje CD.

Para construir el ovoide según las instrucciones proporcionadas, sigue estos pasos:

1. Primero, divide el eje CD en ocho partes iguales y marca los puntos de división.
2. Desde el punto 3 como centro, dibuja una circunferencia con un radio igual a 3C, que es 3 veces el radio de una de las divisiones del eje.
3. Luego, con centro en el punto 6 y un radio igual a dos divisiones, traza otra circunferencia.
4. Desde el punto D, con un radio igual a dos divisiones, traza un arco que cortará a la circunferencia anterior en los puntos E y F.
5. Ahora, une los puntos E y F con el punto 6, prolongando estas líneas indefinidamente.
6. Desde los puntos A y E, con un radio igual al eje CD, traza arcos que se cortarán en el punto N, que será el centro del arco AE.

7. Repite la operación desde los puntos B y F, determinando el punto M, que será el centro del arco BF.

8. Finalmente, el punto 3 será el centro del arco ACB, y el punto 6 será el centro del arco EDF. De esta manera, habrás construido el ovoide de acuerdo con las instrucciones dadas.

Siguiendo estos pasos, habrás creado el ovoide de manera precisa.

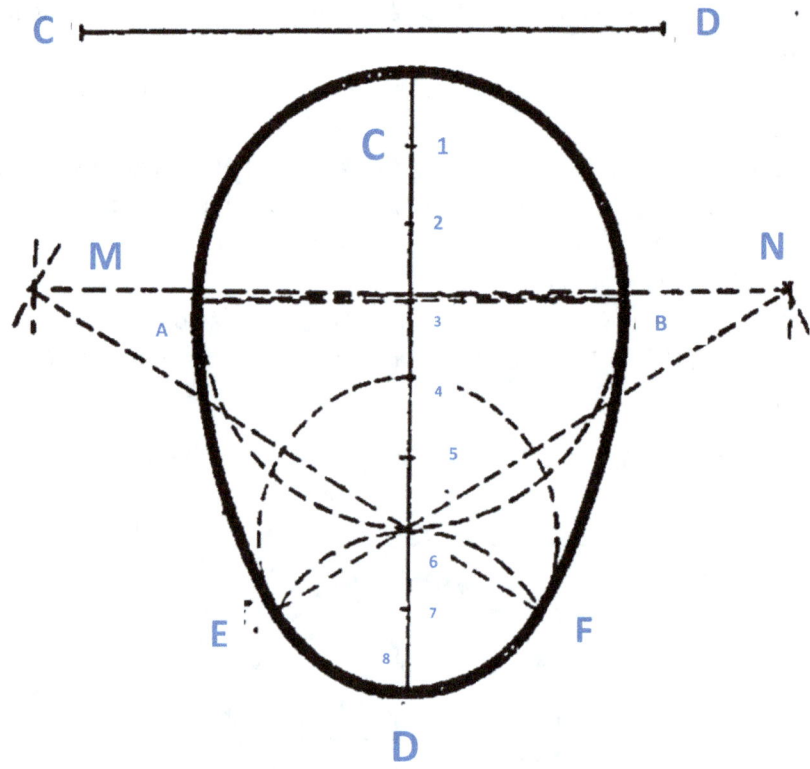

28. ELIPSE

Una elipse es una figura geométrica bidimensional que se asemeja a una forma ovalada o elongada. Se caracteriza por tener dos ejes principales: el eje mayor (la longitud más larga) y el eje menor (la longitud más corta). Estos ejes se cortan en dos puntos llamados vértices. La elipse también tiene dos focos, que son puntos dentro de la figura que determinan su forma.

La elipse es una curva cerrada y plana, que se define como el lugar geométrico de los puntos del plano cuya suma de distancias r+r', a dos puntos fijos F y F', denominados focos, es constante e igual a 2a, siendo 2a la longitud del eje mayor A-B de la elipse. La elipse tiene dos eje, el eje mayor A-B, también llamado real, y el eje menor C-D, ambos se cruzan perpendicularmente en el centro O de la elipse. La longitud del eje mayor es 2a, la del eje menor 2b y la distancia focal 2c, y se cumple que $a^2=b^2+c^2$. La elipse es simétrica respecto a los dos ejes. Las rectas que unen un punto cualquiera de la elipse P, con los focos, se denominan radios vectores r y r', y por definición se cumple que r+r' = 2a.

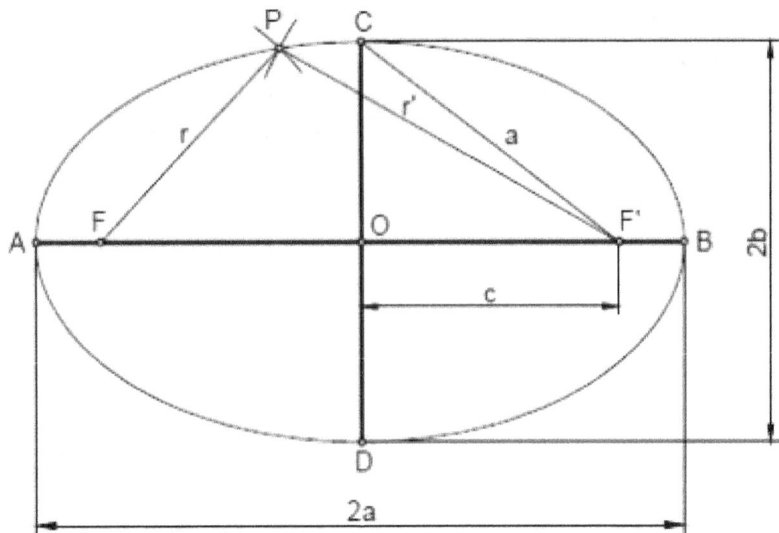

Las características clave de una elipse son las siguientes:

- Ejes: El eje mayor es la longitud más larga de la elipse y pasa por los dos vértices. El eje menor es la longitud más corta y es perpendicular al eje mayor, también pasando por los vértices.
- Vértices: Los vértices son los dos puntos donde se cortan los ejes de la elipse. Estos puntos son equidistantes desde el centro de la elipse.
- Focos: Los focos son dos puntos dentro de la elipse, ubicados en el eje mayor, y su distancia al centro de la elipse es constante. Esta propiedad es fundamental en la definición de la elipse: la suma de las distancias desde cualquier punto de la elipse a los dos focos es igual a la longitud del eje mayor.
- Simetría: La elipse es simétrica respecto a ambos ejes. Esto significa que, si trazas un eje horizontal y uno vertical en el centro de la elipse, la mitad superior e inferior, así como la mitad izquierda y derecha, son simétricas entre sí.

Las elipses se encuentran en una variedad de aplicaciones, como la astronomía (órbitas de planetas y cometas), la óptica (lentes elípticas), la geometría (como una figura geométrica) y el diseño artístico (representación de objetos con formas elípticas). Además, las elipses tienen propiedades matemáticas interesantes y se estudian en diversas ramas de las matemáticas, como la geometría analítica.

Ejercicio 112.   Traza la elipse conociendo sus dos ejes AB y CD.

1. Para dibuja una elipse siguiendo los pasos mencionados, sigue estas instrucciones:
2. Dibuja dos ejes perpendiculares en un papel. Llámalos eje mayor (AB) y eje menor (CD). El punto donde se cruzan será el centro O de la elipse.
3. Utiliza regla y compás para Transporta las magnitudes de los semiejes mayores OA y OB al eje mayor AB, y las magnitudes de los semiejes menores OC y OD al eje menor CD.
4. A partir del punto C, toma un compás y ajusta su radio para que sea igual a la distancia desde C hasta el foco F o F' (dependiendo de tu elección) en el eje mayor AB.
5. Usando el centro C y el radio ajustado, dibuja un arco que intersecte al eje mayor en el punto F (o F', si es tu elección). Este punto será uno de los focos de la elipse.
6. Divide el segmento OF en el eje mayor en varias partes iguales o desiguales. Por ejemplo, puedes Dividelo en 4 partes iguales.
7. Toma una de las divisiones (por ejemplo, A1) como radio y, usando los focos F y F' como centros, traza dos arcos que corten al eje mayor en la parte superior e inferior. Estos arcos definirán dos puntos en la elipse.
8. Repite el proceso para cada una de las divisiones del segmento OF, obteniendo más puntos en la parte superior e inferior del eje mayor.
9. Usa los radios correspondientes a las distancias A2, B1, B2, C1, C2, D1, D2, etc., para Traza arcos adicionales desde los focos F y F' y obtener más puntos en la elipse.
10. Con todos los puntos marcados, únelos suavemente a mano alzada, siguiendo la forma de la elipse. Asegúrate de mantener una curva suave y continua.
11. Siguiendo estos pasos, podrás Traza una elipse de manera precisa. La cantidad de puntos que determines en el eje mayor influirá en la precisión de la elipse final. Cuantos más puntos tomes, más precisa será la representación de la elipse.

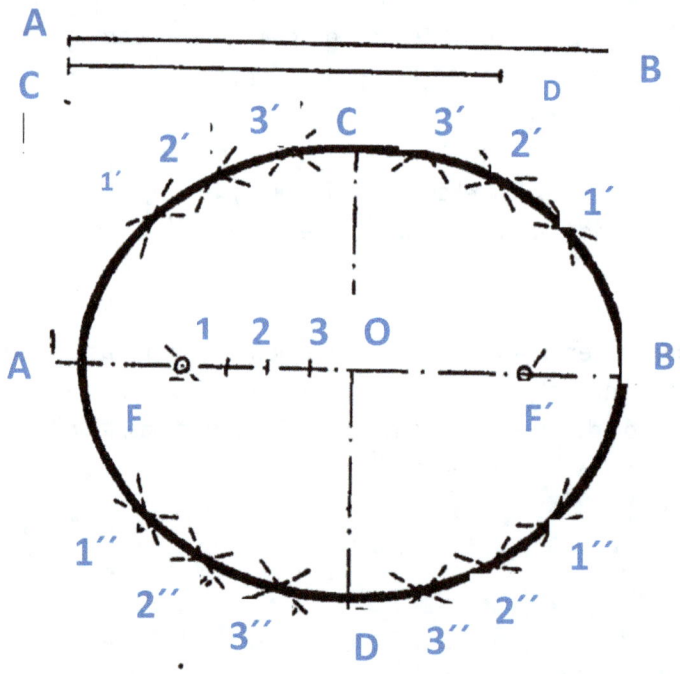

Ejercicio 113. Traza la elipse conociendo sus dos ejes AB y CD, por otro procedimiento.

Para dibuja una elipse siguiendo los pasos mencionados, aquí tienes una descripción detallada:

Comienza dibujando dos ejes perpendiculares en un papel. Llama al eje horizontal "eje mayor" (AB) y al eje vertical "eje menor" (CD). El punto donde se cruzan será el centro de la elipse (O).

Utiliza un compás para dibuja dos circunferencias concéntricas con diámetros AB y CD en el punto de intersección de los ejes. La circunferencia más grande tiene un diámetro igual al eje mayor (AB), y la circunferencia más pequeña tiene un diámetro igual al eje menor (CD).

Divide cada una de las circunferencias en el número deseado de partes iguales. En tu caso, has elegido 12 divisiones en la figura.

Usando un compás, toma las distancias desde el centro O hasta los puntos de división en ambas circunferencias y marca estos puntos en las circunferencias. Estos puntos serán puntos de referencia para Traza la elipse.

Desde cada punto de intersección de los radios con ambas circunferencias, traza líneas paralelas a los ejes de la elipse. Estas líneas se cruzarán en la parte superior e inferior del eje mayor y en los lados izquierdo y derecho del eje menor.

Donde las líneas paralelas se cruzan, obtendrás los puntos 1, 2, 3, ..., 1', 2', 3', ... en la elipse.

Utiliza una regla para Une estos puntos suavemente a mano alzada, siguiendo la forma de la elipse. Asegúrate de mantener una curva suave y continua mientras unes los puntos.

Siguiendo estos pasos, podrás Traza una elipse de manera precisa utilizando las circunferencias concéntricas y los puntos de referencia. La cantidad de divisiones que elijas en las circunferencias determinará la precisión de la elipse resultante. Cuantas más divisiones, más precisa será la representación de la elipse.

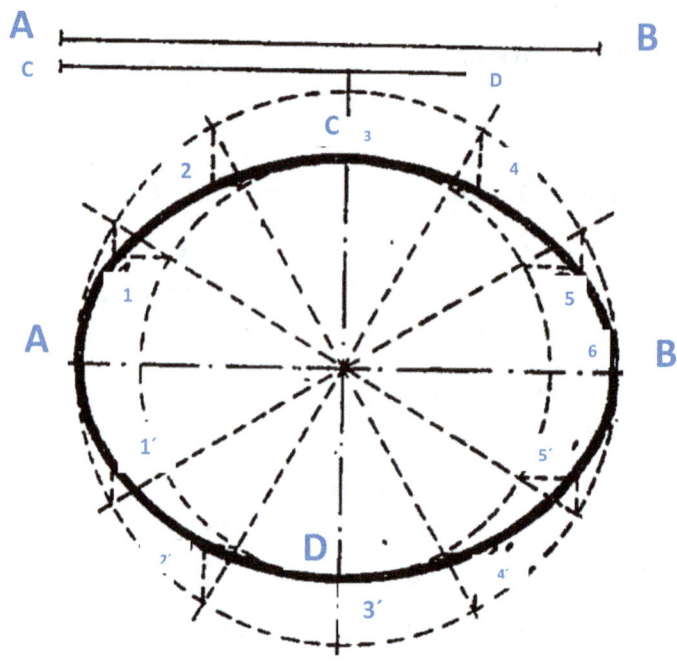

29. ESPIRAL

Una espiral es una curva que se desarrolla en torno a un punto central, alejándose progresivamente de ese punto a medida que avanza. Las espirales son comunes en la naturaleza y se encuentran en diversas aplicaciones en la matemática, la ciencia, el arte y la arquitectura. Hay varios tipos de espirales, y cada uno tiene sus propias características, pero en general, las espirales se caracterizan por su forma curva que se repite a medida que se aleja del punto central.

Las características clave de una espiral incluyen:

- Punto Central: Una espiral siempre tiene un punto central o eje alrededor del cual se desarrolla la curva.
- Desarrollo Continuo: A medida que se recorre una espiral desde su punto central hacia el exterior, la distancia desde el punto central aumenta gradualmente. En otras palabras, la distancia entre los puntos sucesivos en la espiral aumenta de manera constante o siguiendo un patrón específico.
- Forma Curva: La espiral tiene una forma curvada y puede tener varias formas, como una espiral logarítmica, una espiral áurea o una espiral de Arquímedes, cada una con su propia ecuación y características.
- Aplicaciones Diversas: Las espirales se encuentran en la naturaleza en muchas formas, como las conchas de algunos moluscos, las galaxias en el espacio, los remolinos de agua en un desagüe y las ramas de algunas plantas. También se utilizan en el diseño de objetos y en la representación de datos, como gráficos de líneas espirales en estadísticas.

Una de las espirales más conocidas es la "espiral de Fibonacci", que es una espiral logarítmica que sigue una secuencia matemática específica conocida como la secuencia de Fibonacci. Esta espiral se encuentra en la disposición de las semillas de los girasoles y en la estructura de algunas galaxias, entre otros lugares. Las espirales son un ejemplo interesante de una forma geométrica que se encuentra en muchas áreas de la vida y la ciencia.

Ejercicio 114.   Traza una espiral, dado un cuadrado de lado l.

Para construir una espiral de Arquímedes utilizando el método descrito, sigue estos pasos:

1. Dibuja un cuadrado con lados de igual longitud. Puedes elegir la longitud de los lados según tus preferencias.
2. Prolonga los lados del cuadrado en dirección contraria para formar una cruz.
3. Marca el punto central del cuadrado y denomínalo como "O."
4. Toma un punto en uno de los brazos de la cruz, y denomínalo como "1."
5. Usa el punto "O" como centro y, con un radio igual a la distancia desde "O" hasta "1" (1-4 en el primer brazo), traza un arco que intersecte el otro brazo de la cruz en el punto "4."
6. Desde el punto "2" en el otro brazo de la cruz, usa el punto "O" como centro y, con un radio igual a la distancia desde "O" hasta "2" (2A en el segundo brazo), traza un arco que intersecte el primer brazo de la cruz en el punto "A."
7. Repite el mismo proceso desde los puntos "3" y "4" en los otros dos brazos de la cruz.
8. Ahora, tienes cuatro puntos de intersección: "A," "B," "C," y "D."
9. Conecta estos puntos de intersección para formar una espiral de Arquímedes. Si deseas más vueltas en la espiral, continúa el patrón, eligiendo nuevos puntos en los brazos de la cruz y repitiendo los pasos anteriores.

Siguiendo estos pasos, podrás construir una espiral de Arquímedes de acuerdo con el método descrito.

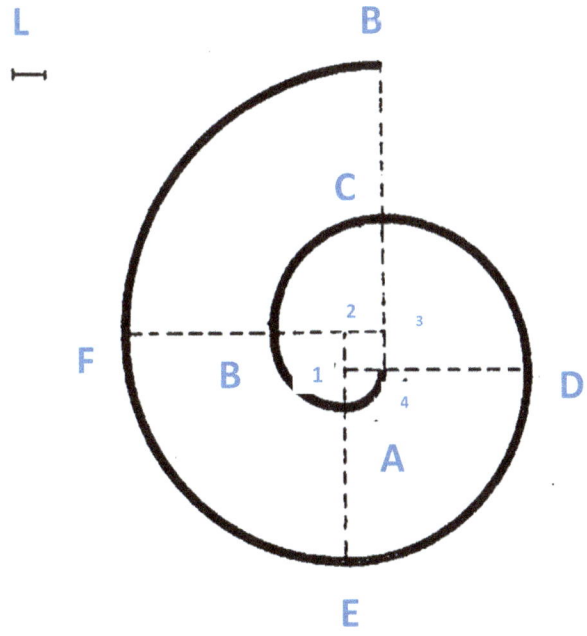

Ejercicio 115. Traza una espiral, dado un círculo de radio r.

Para construir la figura descrita, que se asemeja a una rosa de los vientos, sigue estos pasos:

1. Dibuja una circunferencia que represente la base de la figura. Puedes elegir el radio de la circunferencia según tus preferencias.

2. Divide la circunferencia en un número igual de partes. En este caso, se mencionan ocho divisiones.

3. Traza los radios correspondientes a estas divisiones desde el centro de la circunferencia hacia la periferia. Esto creará ocho segmentos radiales que parten del centro de la circunferencia y llegan a la circunferencia exterior.

4. En cada extremo de estos segmentos radiales, traza arcos que sean tangentes a la circunferencia. Cada arco debe Comienza desde el extremo del segmento y tocar la circunferencia exterior.

5. Numeremos los puntos de intersección entre estos arcos y la circunferencia exterior del 1 al 8, en sentido horario o antihorario, dependiendo de tus preferencias.

6. Usando estos puntos numerados como centros, traza arcos concéntricos desde la circunferencia interior hacia la circunferencia exterior. Comienza con el punto 1 como centro y utiliza el radio 1-8 (la distancia desde el punto 1 hasta la circunferencia exterior) para Traza el arco 8A.

7. Continúa este proceso para los puntos 2, 3, 4, 5, 6, 7 y 8, utilizando los radios correspondientes a las distancias desde los puntos numerados hasta la circunferencia exterior.

Una vez que hayas trazado todos los arcos, habrás completado la figura que se asemeja a una rosa de los vientos.

Siguiendo estos pasos, podrás construir la figura deseada. Asegúrate de que las distancias y proporciones entre los puntos se mantengan coherentes para obtener el resultado esperado.

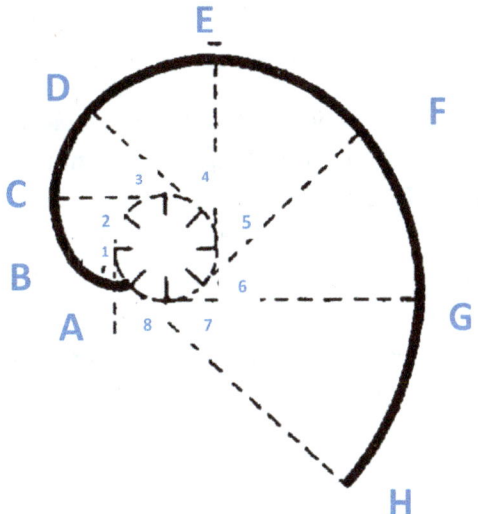

30. PARÁBOLA

Una parábola es una figura geométrica bidimensional que se asemeja a una "U" o una "sonrisa". Es una curva plana que se caracteriza por ser simétrica con respecto a un eje llamado "eje de simetría" o "eje focal". La parábola es conocida por tener propiedades matemáticas únicas y se encuentra en diversas aplicaciones en matemáticas, física y otras disciplinas.

Las características clave de una parábola son las siguientes:

- Eje de Simetría: La parábola tiene un eje de simetría que es una línea recta perpendicular a la curva en su punto más alto o punto más bajo, y que pasa por el vértice de la parábola. La forma de la parábola es simétrica con respecto a este eje.
- Vértice: El vértice de la parábola es el punto en el que la curva cambia de dirección y pasa de crecer a decrecer o viceversa. Es el punto donde el eje de simetría intersecta la parábola.
- Foco: La parábola también tiene un punto llamado "foco" que está ubicado a una distancia específica del vértice a lo largo del eje de simetría. Las propiedades de la parábola se derivan de la relación de distancia constante entre el foco y cualquier punto en la curva.
- Directriz: La directriz es una línea recta ubicada a una distancia fija y igual desde el vértice, pero en el lado opuesto al foco. La directriz es una propiedad matemática importante en la definición de una parábola y se utiliza para trazar la curva.

Las parábolas se encuentran en una variedad de aplicaciones, incluyendo la óptica (como espejos parabólicos y lentes), la mecánica (trayectorias de proyectiles), la astronomía (órbitas de cometas) y en ecuaciones matemáticas que representan funciones cuadráticas. Son un tema fundamental en la geometría analítica y se utilizan para describir una amplia gama de fenómenos en la ciencia y la ingeniería.

Ejercicio 116.   Traza la parábola conociendo su eje AB y la directriz MN.

Para Traza una parábola siguiendo los pasos mencionados, aquí tienes una descripción detallada:

1. Comienza situando el punto V, que será el vértice de la parábola. A partir de V, dibuja un segmento de línea llamado VA, que representa el radio de la parábola. Este radio VA será la distancia focal de la parábola.

2. Con el centro en el punto V y usando VA como radio, dibuja un arco que corta al eje de la parábola en el punto F, que es el foco de la parábola. Este foco es importante en la definición de la parábola.

3. A lo largo del eje de la parábola, a partir del foco F, toma varios puntos 1, 2, 3, ... que se encuentren a distancias arbitrarias. Estos puntos se usarán como puntos de referencia para Traza la parábola.

4. Desde el foco F, dibuja perpendiculares al eje en dirección a cada uno de los puntos de referencia (1, 2, 3, ...). Estas perpendiculares cortarán al eje en puntos C, D, E, ... respectivamente.

5. Para cada punto de referencia (por ejemplo, 1), con el centro en el foco F y usando la distancia desde el foco al punto de referencia (A1), dibuja dos arcos en ambos lados del eje. Estos arcos cortarán las perpendiculares trazadas anteriormente en los puntos C y D.

6. Repite el paso 5 para cada punto de referencia (2, 3, ...). Utiliza las distancias desde el foco hasta estos puntos de referencia (A2, A3, ...) para dibuja arcos que corten las perpendiculares en los puntos correspondientes (E, F, ...).

7. Une los puntos obtenidos (C, D, E, F, ...) entre sí a mano alzada para formar la curva de la parábola.

Siguiendo estos pasos, podrás Traza una parábola de manera precisa utilizando el enfoque en el punto focal y los puntos de referencia en el eje. La cantidad y disposición de los puntos de referencia determinarán la forma específica de la parábola.

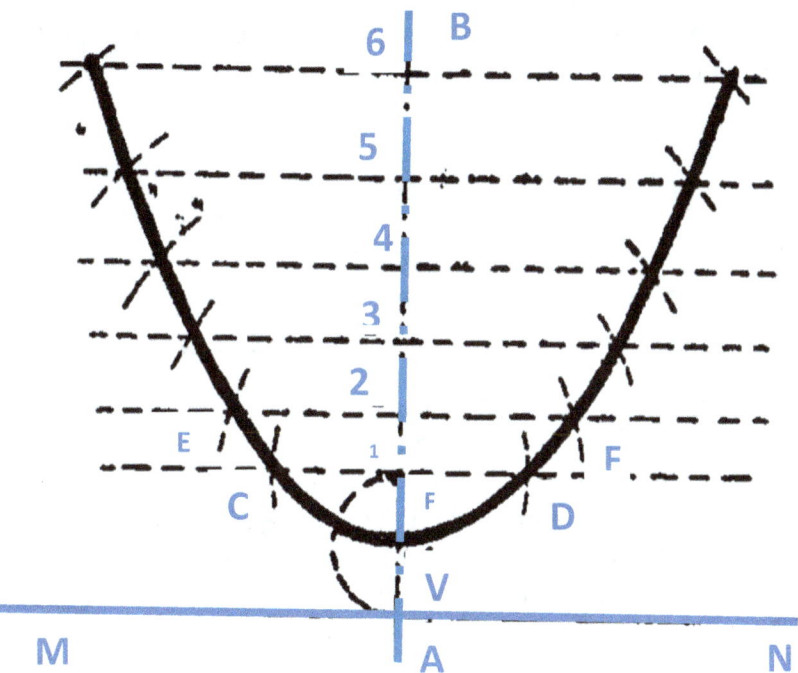

31. HIPÉRBOLA

Una hipérbola es una figura geométrica bidimensional que se asemeja a dos curvas simétricas en forma de ramas que se alejan una de la otra. Es una curva plana que se caracteriza por tener dos ejes de simetría llamados "eje focal" y "eje conjugado". La hipérbola es conocida por tener propiedades matemáticas únicas y se encuentra en diversas aplicaciones en matemáticas, física y otras disciplinas.

Las características clave de una hipérbola son las siguientes:

- Ejes de Simetría: La hipérbola tiene dos ejes de simetría. El eje focal es la línea recta que pasa por los puntos de intersección de las ramas de la hipérbola y es el eje principal de simetría. El eje conjugado es perpendicular al eje focal y pasa por el centro de la hipérbola.

- Centro: El centro de la hipérbola es el punto donde se cruzan los dos ejes de simetría. Este punto es el punto de simetría de la hipérbola.

- Focos: La hipérbola tiene dos puntos llamados "focos" ubicados a lo largo del eje focal, equidistantes desde el centro. La distancia entre el centro y los focos es una característica fundamental de la hipérbola y define su forma.

- Directrices: Las directrices son dos líneas rectas perpendiculares al eje conjugado y ubicadas en los lados opuestos de la hipérbola. La distancia desde el centro de la hipérbola a las directrices es igual a la distancia entre el centro y los focos.

Las hipérbolas se utilizan en una variedad de aplicaciones, como la óptica (lentes y espejos hiperbólicos), la astronomía (órbitas de cometas y satélites), la ingeniería (diseño de antenas parabólicas) y en ecuaciones matemáticas que representan funciones hiperbólicas. Son un tema importante en la geometría analítica y se utilizan para describir una amplia gama de fenómenos en la ciencia y la ingeniería.

Ejercicio 117. Traza la hipérbola conociendo la distancia entre sus vértices VV' y la distancia entre los focos F y F'.

Para Traza una hipérbola siguiendo los pasos mencionados, aquí tienes una descripción detallada:

1. Traza un eje vertical (llamado eje Y) y sobre él Toma varios puntos arbitrarios a la izquierda del foco F. Nombremos estos puntos como 1, 2, 3, ... para referencia.
2. Con el centro en el foco F y utilizando la distancia entre el foco y el punto 1 (V1), describe un arco que pase por la parte superior e inferior del eje Y. Repite este paso desde el punto F' con el radio V'1. Estos arcos cortarán el eje en los puntos I' y I".
3. Utiliza la distancia entre el foco F y el punto 2 (V2) para describir arcos desde el foco F, así como desde el punto F'. Estos arcos cortarán el eje en los puntos 2' y 2".
4. Repite el proceso anterior para todos los puntos que has tomado en el eje Y (1, 2, 3, ...). Para cada punto, utiliza su respectiva distancia desde el foco y describe arcos desde ambos focos (F y F').
5. Une a mano alzada los puntos obtenidos en el paso anterior (1', 2', 3', ..., F, 1", 2", 3", ...). Estos puntos formarán la rama izquierda de la hipérbola.
6. De manera similar, puedes construir la rama derecha de la hipérbola repitiendo el proceso de los pasos 2 a 5 pero a la derecha del foco F'.

Siguiendo estos pasos, obtendrás la representación de una hipérbola con un enfoque en los focos F y F'. La cantidad y disposición de los puntos en el eje Y determinarán la forma específica de la hipérbola.

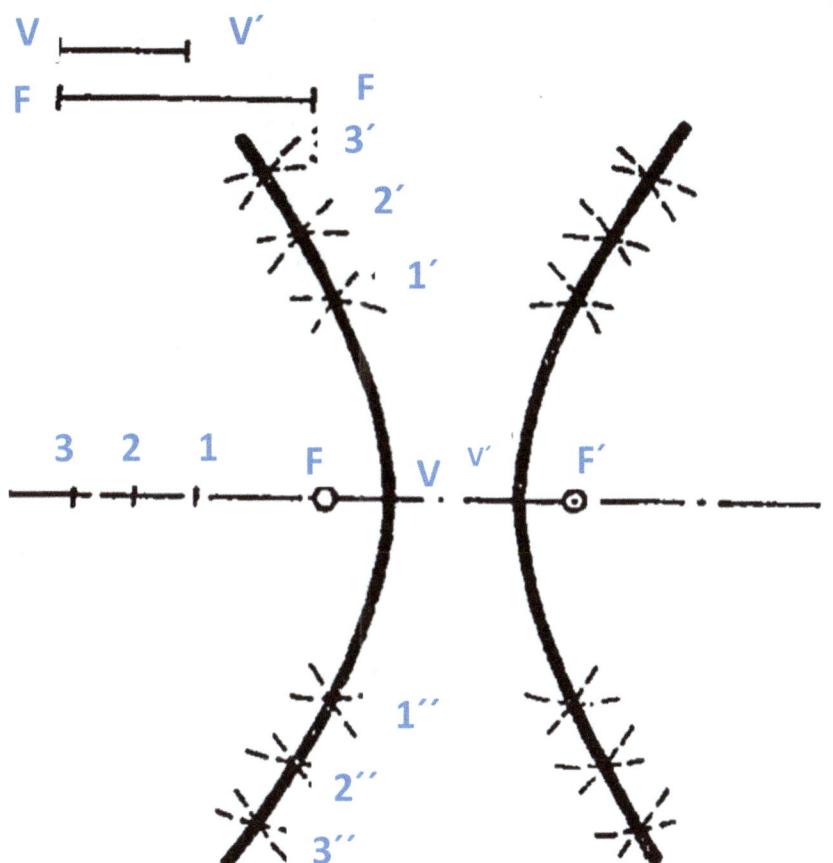